厦门大学百年校庆系列出版物 · 编委会

厦门大学百年校庆系列出版物

百年院系史系列

厦门大学
物理科学与技术学院院史

主　编　李书平　方陶陶

厦门大学出版社 XIAMEN UNIVERSITY PRESS
国家一级出版社
全国百佳图书出版单位

图书在版编目(CIP)数据

厦门大学物理科学与技术学院院史/李书平，方陶陶主编.—厦门：厦门大学出版社，2021.9

（百年院系史系列）

ISBN 978-7-5615-8203-9

Ⅰ.①厦… Ⅱ.①李… ②方… Ⅲ.①厦门大学物理科学与技术学院—校史 Ⅳ.①G649.285.73

中国版本图书馆 CIP 数据核字(2021)第 092192 号

出 版 人 郑文礼
责任编辑 李峰伟
封面设计 李嘉彬
技术编辑 许克华

出版发行 厦门大学出版社
社　　址 厦门市软件园二期望海路 39 号
邮政编码 361008
总　　机 0592-2181111　0592-2181406(传真)
营销中心 0592-2184458　0592-2181365
网　　址 http://www.xmupress.com
邮　　箱 xmup@xmupress.com
印　　刷 厦门集大印刷有限公司

开本 720 mm×1 020 mm　1/16
印张 13.75
插页 2
字数 238 千字
版次 2021 年 9 月第 1 版
印次 2021 年 9 月第 1 次印刷
定价 49.00 元

本书如有印装质量问题请直接寄承印厂调换

厦门大学出版社
微信二维码

厦门大学出版社
微博二维码

本书编委会

总　序

厦门大学 | 党委书记　张　彦
校　　长　张　荣

2021年4月6日，厦门大学百年华诞。百载风雨，十秩辉煌，这是厦门大学发展的里程碑，继往开来的新起点。全校师生员工和海内外校友满怀深情地期盼这一荣耀时刻的到来。

为迎接百年校庆，学校在三年前就启动了“百年校庆系列出版工程”的筹备工作，专门成立“厦门大学百年校庆系列出版物编委会”，加强领导，统一部署。各院系、部门通力合作，众多专家学者和相关单位的工作人员全身心地参与到这项工作之中。同志们满怀高度的责任感和紧迫感，以“提升质量，确保进度，打造精品”为目标，争分夺秒，全力以赴，使这项出版工程得以快速顺利地进行。在这个重要的历史时刻，总结厦大百年奋斗历史，阐扬百年厦大“四种精神”，抒写厦大为伟大祖国所做出的突出贡献，激发厦大人的自豪感和使命感，无疑是献给百岁厦大最好的生日礼物。

“百年校庆系列出版工程”包括组织编撰百年校史、百年组织机构史、百年院系史、百年精神文化、百年学术论著选刊、校史资料与学生名录……有多个系列近150种图书将与广大读者见面。从图书规模、涉及领域、参编人员等角度看，此项出版工程极为浩大。这些出版物的问世，将为学校留下大量珍贵的历史资料，为学校深入开展校史教育提供丰富生动的素材，也将为弘扬厦门大学“自强不息，止于至善”校训精神注入时代的新鲜血液，帮助人们透过“中国最美大学校园”

的山海空间和历史回响，更加清晰地理解厦门大学在中国发展进程中发挥的独特作用、扮演的重要角色，领略“南方之强”的文化与精神魅力。

百年校庆系列出版物将多方呈现百年厦大的精彩历史画卷。这些凝聚全校师生员工心血的出版物，让我们感受到厦大人弦歌不辍的精神风貌。图文并茂的《厦门大学百年校史》，穿越历史长廊，带领我们聆听厦大不平凡百年岁月的历史足音。《为吾国放一异彩——厦门大学与伟大祖国》浓墨重彩地记述厦门大学与全国34个省级行政区以及福建省九市一区一县血浓于水的校地情缘，从中可以读出厦门大学在中华民族伟大复兴征程中留下的深深烙印。参与面最广的“厦门大学百年院系史系列”、《厦门大学百年组织机构史》，共有30多个学院和直属单位参与编写，通过对厦门大学各学院和组织机构发展脉络、演变轨迹的细致梳理，深入介绍厦门大学的党建工作、学科建设、人才培养、组织管理、社会服务等方面的发展历程，展示办学成就，彰显办学特色。《厦门大学校史资料选编（1992—2017）》和《南强之星——厦门大学学生名录（2010—2019）》，连同已经出版的同类史料，将较完整、翔实地展现学校发展轨迹，记录下每位厦大学子的荣耀。“厦门大学百年精神文化系列”涵盖人物传记和校园风采两大主题，其中《陈嘉庚传》在搜集大量史料的基础上，以时代精神和崭新视角，生动展现了校主陈嘉庚先生的丰功伟绩。此次推出《林文庆传》《萨本栋传》《汪德耀传》《王亚南传》四部厦门大学老校长传记，是对他们为厦大发展所做出的突出贡献的深切缅怀。厦大校友、红军会计制度创始人、中国共产党金融事业奠基人之一高捷成的传记《我的祖父高捷成》，则是首次全面地介绍这位为中国人民解放事业做出杰出贡献的烈士的事迹。新版《陈景润传》，把这位“最美奋斗者”、“感动中国人物”、令厦大人骄傲的杰出校友、世界著名数学家不平凡的人生再次展现在我们眼前。抒写校园风采的《厦门大学百年建筑》、《厦门大学餐饮百年》、《建南大舞台》、《芙蓉园里尽芳菲》、《我的厦大老师》（百年华诞纪念专辑）、《创新创业厦大人2》、

《志愿之光》、《让建南钟声传响大山深处》、《我的厦大范儿》以及潘维廉的《我在厦大三十年》等，都从不同的角度，引领我们去品读厦门大学的真正内涵，感受厦门大学浓郁的人文精神和科学精神。

此次出版的“厦门大学百年学术论著选刊”，由专家学者精选，重刊一批厦大已故著名学者在校工作期间完成的、具有重要价值的学术论著（包括讲义、未刊印的论著稿本等），目的在于反映和宣传厦门大学百年来的学术成就和贡献，挖掘百年来厦门大学丰厚的历史积淀和传统资源，展示厦门大学的学术底蕴，重建“厦大学派”，为学校“双一流”建设提供学术传统的支撑。学校将把这项工作列入长期规划，在百年校庆时出版第一辑共40种，今后还将陆续出版。

“自强！自强！学海何洋洋！”100年前，陈嘉庚先生于民族危难之际，抱着“教育为立国之本，兴学乃国民天职”的信念，创办了厦门大学这所中国历史上第一所由华侨独资建设的大学。100年来，厦大人秉承“研究高深学术，养成专门人才，阐扬世界文化”的办学宗旨，在实现中华民族伟大复兴的征程上书写自己的精彩篇章。我们相信，当百年校庆的欢庆浪潮归于平静时，这些出版物将会是一串串熠熠生辉的耀眼珍珠，成为记录厦门大学百年奋斗之旅的永恒坐标，成为流淌在人们心中的美好记忆，并将不断激励我们不忘初心继承传统，牢记使命乘风破浪，向着中国特色世界一流大学目标奋勇前行！

张彦　张荣

2020年12月

厦门大学百年院系发展概述

朱水涌

100年在历史长河中只是短暂的一瞬,但对于一所中国现代大学以及这所大学的学院科系来说,则意味着经历过极不平凡的历程。百年学府沧桑、十秩院系辉煌,为迎接厦门大学建校百年华诞,学校决定编撰出版"厦门大学百年院系史"系列,梳理淬炼院系的建设发展历程,以史为鉴,彰往考来,将院系的昨天、今天与明天联系在一起,发扬踔厉,这是一件极富建设意义与厦大特色的历史性工程。

一

20世纪初的中国,正如校主陈嘉庚所言:"吾国今处在列强肘腋之下,成败存亡千钧一发。"就在这千钧一发之际,为救国而创办大学成为一道时代的特别风景。马相伯因"慨自清廷外交凌智"而创办震旦学院(复旦前身)[①],南开大学的创办者因国家的"贫弱"是因为"教育未能发展"而创立南开[②],唐文治执掌交通大学砥砺第一等人才,目的就是"宏济艰难,救我中国"[③]。厦门大学校主陈嘉庚则在《筹办厦门大学演讲词》中直截了当地指出:"今日国势危如累卵,所赖以维持者,惟此方兴之教育与未死之民心耳。"出自民族救亡而诞生的中国现代大学,在她向欧美学习现代大学的办学时,一开始便融入了民族救

① 《复旦大学百年志》编纂委员会:《复旦大学百年志(1905—2005)》,复旦大学出版社2005年版,第9页。

② 《南开大学校史资料选》,南开大学出版社1989年版,第12页。

③ 唐文治:《上海交通大学第三十届毕业典礼训词》,载《茹经堂文集》三编卷一。

亡图存的历史内涵和办学志向，民族振兴的需求与国家最需要的人才，成了中国现代大学初创时学科与专业设置的重要出发点，呈现出中国现代大学鲜明的中国特色。这里，当年的创办者与一校之长的救国思想与办学理念产生了重要作用。

厦门大学创校时期选择的教学体制沿用了近代英国大学学制，但在科系组成与学科设置上却没有完全按英国大学的体制与模式，与民国时期的各大学一样，当时并没有很强的专业观念，而依照时代与国家的急需人才设立科系。厦大建校初期，科系成型时的学科最初形态是文科设 8 个系，理科设 6 个系，工科归理科，其中的教育、工、商、新闻，都是那个危机时代国家急需人才的学科。

1930 年 2 月，在通过国民政府大学院立案后两年，厦门大学遵照国民政府教育部令，将“科”改为学院，设 5 个学院 21 个学系。至此，经过近 10 年的建设，厦门大学具备了较为完备的院系体制，开始以院系这样一种与世界接轨的基本单元建构教学科研体制，开展“研究高深学术，培养专门人才，阐扬世界文化”，厦大的多学科性业已形成。

1929 年，世界经济危机爆发，陈嘉庚公司每况愈下，1934 年 1 月公司被迫收盘。这期间虽然有厦大教职员的半年捐薪活动，有陈嘉庚的“出卖大厦办厦大”惊世壮举，厦门大学的办学经费还是难以为继。在此情况下，厦大及时调整院系结构，以系科合并的方式突围经济上的窘迫，推进学科的艰辛运转。至私立时期的最后几年，全校 5 个学院压缩成文学、理学、法商 3 个学院，21 个系经合并与撤销浓缩为 9 个学系。尽管这种合并是无奈之举，从数字上看办学规模是缩小了，但这次的学科浓缩却无意中为学科的整合、为打破欧美当年系科划分过细的弊端打下了基础。

建校时期厦门大学的院系建设与学科发展，按国民政府大学院调查专家的看法，在全国高校中有“方之他处，有过无不及”①的优势。这一时期，林文庆主持制定的《厦门大学校旨》（以下简称《校旨》）明确指出：“本大学之主要目的，在博集东西各国之学术及其精神，以研究一切现象之底蕴与功用，同时并阐发中国固有学艺之美质，使之融会贯通，成为一种最新最完善之文化。”《校旨》从大学文化的建构出发，鲜明地提出厦门大学办学的理念与目标。与这个理念和目标相联系，厦大初期的院系与学科、专业的建设，有如下几个特点：

① 《厦门大学十周年纪念刊》（1931 年 4 月），载《厦门大学校史》第 1 卷，厦门大学出版社 1987 年版，第 94 页。

其一是注重“功用”，“切于实用”，培养国家、民族稀缺人才。《校旨》提出教学“以切于实用，造就应用科学人才为前提”。建校初期，教育学占有举足轻重的位置，原因如《校旨》所言：“我国目下师资及教育专门人才甚为缺乏，故对于教育系特加注意，以期养成良好师资及教育界领袖，因以提高一般教育之程度。”[①]陈嘉庚的信念是“国家之富强，全在乎国民，国民之发展，全在乎教育”[②]，他办厦门大学一个重要的担当就是要纠正当年教育的“偏估”与“颓风”，解决中国教育缺乏新知识新思想师资的问题，以免“国粹日稀，精神日减，必至无救药之惨痛”。厦大商学与工学的较早创设与运行，也都体现了这样一种办学理念。这个特点，奠定了厦门大学从国家需要建设专业发展学科的厚重底色。

其二是博集东西精神、阐发中国学艺之美质、“研究高深学术”的学科特色。厦大成立时，《厦门大学组织大纲》明确表明厦大的三大任务之一是研究高深学术。林文庆在《校旨》中具体指出要建设科学研究机关，厦大要“成为我国南部之科学中心点”[③]；院系体制形成后，厦大各学院在其“学院学则”的第一条“宗旨”中都一致性地提出“以培养专门人才，研究高深学术为宗旨”[④]，这表明厦大建校初期就具备浓厚的学科建设意识。而且，在西学东渐、中西文化激烈论争与冲突的情势下，厦大独到地提出“阐发中国固有学艺之美质”和“首重国文”的主张，这也就形成了厦门大学学科建设中注重本土资源与文化精神的中国特色。文科的国学研究与理科的生物学研究是这方面的范例。1926年创建的国学研究院被认为是“大有北大南移之势”，是当年全国国学研究的中心之一。其影响不仅在于大师云集、研究规划与实际成果，更重要的是厦大国学研究体现了五四时期“重估价值”的精神，它的学科新范畴，研究问题的新方法、新史料和新观点，代表了五四之后国学研究的新趋势。植物系与动物系同样引起全国乃至世界的关注，尤其是结合本土地理优势的海洋生物研究更是锋芒毕露。1923年厦大美籍教授莱德的论文《厦门大学附近之文昌鱼渔业》在国际顶尖科学期刊 *Science* 上发表，成为中国高校最早在 *Science* 上发表的研究成果之一，引起国际学术界瞩目。鉴于海洋生物学科的成果，中央研究院及太平洋科学学会，特别委托厦门大学建立海洋生物研究室。与此同时，

---

① 《厦门大学校史》第1卷，第26页。

② 陈嘉庚：《筹办厦门大学演讲词》，载《新国民日报》1920年11月30日。

③ 《林文庆校长报告》，载《厦门大学民国十年度报告书》，1922年。

④ 《厦门大学一览》（1935—1938年度），载《厦大校史资料》第1辑，厦门大学出版社1987年版，第66页。

厦大的动植物标本的数量与丰富多样在全国领先。

其三是开放性的院系学科构成与人才培养学制。在中国高等教育滥觞时期，中国的大学虽然学的是西方体制，但中国文化原本就缺乏精确细致的分类，对事物不那么条分缕析，而且大学刚刚兴起，很多学科、专业更是因国家需要而设置而存在，大学的一切都在尝试与践行当中，这也就带来了中国现代大学院系学科设置上的开放性。厦大私立时期四次较大的院系变动与学科设置，就可以清楚地看到这个现象。院系设置与专业、学科结构的不断变动，实际上对打破学科体制的僵化是有驱动力的，它为以后厦大百年发展中院系所面临的不断调整、不断改革奠定基础。

在人才培养上，厦门大学"虽为厦门大学，实为世界之大学"①，一开始就招收大量的东南亚华侨子女和朝鲜国学生，颇具开放性。这所地处东南沿海一隅的大学却坚持要"使本校之学生虽足不出国外，而其所受之教育，能与世界各大学相颉颃"②，除不惜重金聘任国内外特别是世界名牌大学经历的名师学者外，在教学体制上，厦门大学沿用英国近代大学学制，本科修业4年，以修满150学分（绩点）并通过毕业论文及有关实验为毕业，各院各系实行课程交叉的修课计划，注重了知识结构的多元化。打破课程的专业界限，这样一种强调博集东西学术，打通院系界限学科界限的修学制度，实际上更吻合现代大学的人才培养规律。

厦门大学建校初期16年间，其"切于实用"的人才培养方针，"研究高深学术"的学科特色，院系学科结构与教学体制的开放性，不仅是时代的产物，也是百年厦门大学的宝贵珍藏，在百年厦大的院系建设发展中体现了一所名校的潜在发展实力，不仅为厦大创建"世界之大学"目标打下了坚实的基础，而且在学科的发展上为一流学科的发展奠定了先天优势。

二

1937年7月1日，私立厦门大学正式改为国立厦门大学。7月6日，国民政府行政院任命清华大学萨本栋教授出任厦门大学校长。7月7日，抗战全面爆发。12月，日寇兵临厦门，厦门大学内迁山城长汀，坚持在烽火硝烟中办

---

① 《林文庆先生在中华俱乐部之演说词》，载《南洋商报》1925年2月2日。

② 《林文庆校长报告》，载《厦门大学民国十年度报告书》，1922年。

学，"单独担负铁路线（粤汉铁路）以东国立最高学府的全付责任"[①]，成为加尔各答以东最逼近战场的学府，肩起中国高等教育的东南半壁江山。由此开始到1949年新中国成立，这是厦门大学的国立时期。

抗战时期，在极其艰难困苦的条件下，萨本栋校长抱着"在艰危中""不负嘉庚先生毁家兴学及政府将厦大收归国立之至意"的意志[②]，以自己的未雨绸缪和身体力行，推进拓展厦门大学的院系与学科建设，赢得了战争中"国魂所托的事业"[③]的重大发展。

作为坚守在战区的最高国立学府，在战争中自觉担负起为战后的祖国建设培养与储备人才的使命，这成了厦大院系与学科建设的出发点与目的地。萨本栋说："吾人应知此次战争，关系数千年固有文化之持续，将来永固国基之奠定者至巨。"[④]置身残酷的战争中，厦大想的是战后建设所需的大量"永固国基"的人才。据当年的新闻媒体报道，厦大筹备设立水产研究室，是为了"战后东南沿海水产研究之总枢"[⑤]；增设外国文学系与法律系司法组，"以应目前全面反攻及将来建国之需要"[⑥]。

这种穿透硝烟的未雨绸缪，更体现在厦门大学工科院系的创设与发展上。厦大工科开始于1922年，在1930年科改系后，工科已悄然消失。萨本栋来自清华大学，自己又是著名的电机专家，他对工科建设既熟悉又有主见，从战后建国的急需出发，工科人才显然要比其他学科人才需求更迫切、需求量更大，萨本栋决定补齐厦大学科上的工科短板。

1938年7月，厦大创设土木工程系，到1941年秋季，萨本栋校长就很自豪地说："现在土木系设备，固尚未达到我们理想的境地，但教师则已充实到可以与国内任何大学相颉颃。"[⑦]这个科系，为战后中国大规模的基础设施建设培养了大批人才。1940年秋季，在土木工程大力扩展的同时，萨本栋又创设机电工程系。机电工程系创立后，理学院扩充为理工学院。1944年4月，创建航空工程系，厦大成为全国最早开办航空专业本科教育的少数高校之一，培

---

① 《萨本栋开学词》，载《厦大通讯》第3卷第10期，1941年10月25日。

② 萨本栋：《勖勉同学词》，载《唯力》旬刊第3期，1938年4月3日。

③ 萨本栋：《勖勉同学词》，载《唯力》旬刊第3期，1938年4月3日。

④ 萨本栋：《"七七"二周年纪念与节约运动》，载《唯力》第2卷第7/8期合刊，1938年7月7日。

⑤ 《母校设立水产研究室》，载《厦大通讯》第6卷第1期，1944年3月31日，

⑥ 《厦大增设外语、司法等系组》，载南平《东南日报》1945年8月4日。

⑦ 《萨本栋开学词》，载《厦大通讯》第3卷第10期，1941年10月5日。

养出像中国工程院院士张启先这样一批优秀的中国早期航天航空专家。

1945年12月厦大复员厦门，汪德耀已接掌厦大。这期间院系与科建设的最大事件是1946年夏季海洋学系与中国海洋研究所的创办。海洋学科创立于天时地利人和之中：抗战胜利后海洋与海权重要性凸显，复员厦门后的东南沿海地理环境优势，校主陈嘉庚“力挽海权，培育专才”的誓言与著名海洋学家唐世凤博士的加盟，共同促成了中国第一个海洋学系诞生，同时，厦大与中英文教育基金会合办的中国第一个海洋研究所也在厦大成立，厦大的海洋观测站也获准设立。由此，厦门大学在全国率先开始了“谋中国海洋科学事业之发展”“研究与教育并重”的造就培养海洋人才的行动。

国立时期文科的发展以复办法学为主要标志。厦大的法学，最早创立于1926年6月，1937年改归国立后，法律系奉命撤销，法学学科停办。到1940年，由于国民政府教育部不同意建立福建大学，并将已经开学的福建大学法学院并入厦门大学，这样，战火中的厦大法学学科就在接收福建大学法学院的契机中复办起来。

在人才培养理念与培养模式上，萨本栋取的是美国芝加哥大学的通识教育思想和从清华带过来的通识教育理念，遵循梅贻琦的“通识为本，专识为末”[①]教育思想制定校制、设置课程，实行强化通识基础与打通学科界限的修学制度，实施教授全力上课制度。他要求即使在战争中，也要坚持“未到‘最后一课’的时候，应加紧研究学术与培养技能”[②]，他提出，“现在不是个推诿责任的时代”，“需一身肩负二人之重任，一日急二日之操作”[③]，以不辜负陈嘉庚先生的期待，不辜负国家事业所托。比如新成立的机电工程系系主任朱家炘教授，据统计最高一学期每周上课达81课时，每周最高达1725人时。这时期的厦大学生则“把战区当课堂，把笔杆当枪杆”，越是艰难越是坚韧学习。在1940年与1941年国民政府教育部举行的两次专科以上学生学业竞赛中，获奖总数与获奖系数的比例评定，均名列全国第一。

从抗战全面爆发到复员厦门，在极其艰危的战争环境与艰苦的复员中，厦门大学的院系建设不仅没有停顿，而且还得以有力扩充，院系规模与学科发展都有历史性的突破，多科性大学已然向综合性大学迈进，也因此开始确立厦门

---

① 梅贻琦：《大学一解》，载《清华学报》第13卷第1期，1941年4月。

② 萨本栋：《勖勉同学词》，载《唯力》旬刊第3期，1938年4月3日。

③ 萨本栋：《“七七”二周年纪念与节约运动》，载《唯力》第2卷第7/8期合刊，1939年7月7日。

大学位居全国高等教育前列的位置。更重要的是这一时期积淀下来的办学精神，那种由战争烽火淬炼出来的自强、坚韧与艰危中担当重负的使命感，为厦门大学的发展积累了一份极宝贵的精神财富。

三

1949年10月1日，中华人民共和国成立，人民当家做主的时代开始。10月17日，厦门解放，厦门大学迎来了办学史上的新纪元。1949年10月21日，中共厦门市委在厦大建立中共厦门大学支部。不久，在原有基础上设立中共厦门大学党组。1950年5月，中华人民共和国政务院任命著名经济学家、曾任厦门大学法学院院长的王亚南为厦门大学校长。

1952年6月，中共福建省委派15名党的干部到厦大，7月，中共福建省委决定程璐任中共厦大临时党委书记，党在学校的领导得以体现与加强；1953年1月，厦门大学成立校务委员会，标志着学校由“校长负责制”开始向“党委领导下的校长负责制”过渡。这一年，符合条件的科系先后成立党支部。1955年1月召开中共厦门大学第一次代表大会，成立中共厦门大学党委会，之后，各系先后建立系党总支，直到1999年校院二级管理体制改革时，党总支、党支部为厦门大学各科系的最直接领导，保证科系建设与学科发展的正确方向和健康发展。

新中国成立后，在东西方意识形态冷战的背景下，中国大学放弃对西方欧美的学习，而强调向“苏联老大哥”学习。1952年，中央提出高等教育“发展专门学院和专科学校，整顿和加强综合大学”的方针，并学习苏联高校模式，进行大规模的院系调整。从1952年到1955年底，厦门大学在调整中从多学科大学向文理科综合大学转变，被确定为华东四所综合性大学之一。

1952年8月，一年前刚刚由省立并入厦大并改名的厦大农学院奉命与福州大学农学院合并为福建农学院；9月，厦大海洋系一分为三，厦大航海专修科与集美水产商船专科合并成立福建航海专科学校，之后再分别归入大连海运学院与上海海运学院；海洋系理化组并入山东大学，与山东大学海洋学科建立海洋系，发展为山东海洋学院，即后来的青岛海洋大学；为保存厦大发展海洋学科的力量，厦大成立海洋生物研究室，将海洋生物组的骨干教师与标本留在厦大，聘郑重教授为研究室主任。1953年7月，厦大又奉命将工学院的土木、电机、机械3个系及土木专修科调整到浙江大学、南京工学院和华东水利学院，将企业管理并入上海财经学院，法学院归入华东政法学院。1954年7

月，厦大教育系调整到福建师范学院；8月俄语专修科部分师生并入南京大学。

在此调整中，厦门大学文理科也有所壮大。1951年私立福建学院的政治、法律、经济归并到厦大。1952年福州大学财经学院的会计、贸易、财金、统计、企业管理5个系并入厦大财经学院，并增加贸易专修科。1953年，福州大学文理两院的中文、外文、历史、数学、物理化学、生物学6个系也奉命并入厦门大学。1955年，厦大奉命停办统计、会计、财金、贸易4个系，改在经济系之下设政治经济学、统计学、会计学、货币与信贷、贸易5个专业。

从历史现场上看，大规模院系调整是新中国改造旧教育制度、建立新教育体制的战略措施，这是中华人民共和国教育史上一个重要事件。这场调整既为厦大文理科综合大学模式打下基础，也一定程度上削弱了厦大综合性大学的实力，厦大一些经营多年而形成厦大特色的院系、学科被调整出去，充实其他高校乃至成为新学校成立的基础。厦大在为国家做出贡献的同时，也造成基础学科与应用学科的相互分离，综合性大学学科交叉渗透的优势也受到一定的损失。

院系调整后，苏联高等教育的专业制度也随之取代了中国大学的院系体制。新中国成立之前的大学一般只设学科不设专业，学科业务范围要比专业宽阔，但专业有利于针对性培养专门人才，培养目标十分专一。为贯彻专业人才培养目的，厦门大学院级建制最后被正式撤销，实行以系为教学单位，系内设若干专业，形成按专业培养人才的办学模式。到1958年，全校设8个系16个专业，并设16个专门化科目。

这一时期，教育部确定厦门大学发展方向为“面向东南亚华侨，面向海洋”，要求各专业各教研组加强与南洋、台湾、海洋及本地特点有关的各种问题研究。王亚南校长对厦大的综合性大学也提出新的目标定位，他说：“今天我们所在的学校是个综合性大学，不是工业大学、农业大学，而是综合性大学，不同地方是培养目标不同。工农科培养工农业所需技术人才，师范培养教师，综合性大学主要是培养研究人员，科学研究人员。”他对学生说：“你们将来就是要培养成为科学家。”[①]这样的办学方向与文理综合性大学的形成，明确指明科学研究是厦大办学的重要任务，学科建设水平成为办学水平的重要表现。

由此，在那个以专业为主的发展时期，厦门大学依然将研究机构建设与学科建设发展当成院系建设的重要内容。

---

① 王亚南：《怎样做一个大学生》，录自厦门大学校办档案56-11。

王亚南校长抵达厦大后，首先恢复和建立研究机构，成立了经济研究所、化学研究所和南洋研究馆(1963 年升格为教育部部属研究所)、人类博物馆，文科理科各学院普遍成立研究室。这时福建研究院社会科学研究所也奉命归并厦大，充实了厦大文科主要是经济学科的研究实力。

这一时期，经济学科开始成为全国的翘楚学科。从 1946 年王亚南的《中国经济原论》研究被誉为“中国式的《资本论》”开始，厦门大学“以中国人的资格研究政治经济学”的独特学派开始形成。1950 年王亚南执掌厦大后，建立厦大财经学院，创办全国第一个经济研究所，这是当年全国高校最新经济学教学科研建制。院系调整中财经学院被撤销。1958 年 9 月，中国经济问题研究所成立，并创办中国第一家全国性经济学刊物《中国经济问题》。这个时期，经济学各学科研究全面展开，在《资本论》研究、社会主义所有制研究、会计、统计、财政学方面的研究，成绩斐然，为全国瞩目，奠定了经济学迈向一流学科的坚实基础。

化学为厦大理科中最早的学科之一，展示着一流学科的形象。1939 年，傅鹰博士受聘厦门大学并任教务长兼理学院院长，他给厦门大学带来了化学正在从经典的统计热力学深化为理论化学、结构化学的最新发展信息与理论，从而让厦大化学学科及时捕捉到量子化学、量子力学的发展，跟上世界潮流。自此，化学学科的发展呈现云帆济海之势。新中国成立后，催化的研究与应用、海洋化学分析成果显著，电化学研究、物质结构研究、有机物电极、电分析和有机物点解制备也都在学术界崭露头角。1972 年，蔡启瑞教授与唐敖庆、卢嘉锡两教授联袂承担国家重大基础理论研究课题化学模拟生物固氮研究，与国际同步攻关世界理论难题，成果受到国际同行的赞赏。这个时期的厦大化学，已具备国内一流、国际具有重要影响的学科声望。

除此，海洋生物研究，生物系在金定鸭研究及北京鸭与金定鸭的杂交研究，半导体物理、半导体化学、植物生物学以及数学等方面的基础理论研究，都有全国性影响。理科各系与福建省其他单位联办建立的 8 个新的研究所，有效地促进了厦门大学科学研究与地方建设的紧密结合，拓宽了厦门大学科学研究的思路与途径，这也说明了成为文理综合性大学的厦门大学在学科建设上的明显进展。

从 1949 年新中国成立到 1966 年“文化大革命”爆发，厦门大学与全国高校一样，经历过“整风运动”、“教育大革命”和“大跃进”高潮，作为面对两岸对峙炮火中海防前线大学，社会主义的办学方向和党在学校中的领导地位更加明确与坚定，在人才培养与科学研究上探索前进，书写出新中国高等教育的新篇章。1963 年 9 月 12 日，教育部以〔63〕教厅秘字第 178 号文件，将厦门大学定位全国重点大学，“这是国家对厦门大学几十年来办学成就的充分肯定，从教育体制上明确地确立了厦门大学在全国教育事业中的重要地位”[①]。

1966 年到 1976 年“文化大革命”运动期间，厦门大学与全国高校一样，遭受空前的洗劫。这是中国高等教育发展史上一次挫折和重大教训，经历过这样的风雨，拨乱反正之后，厦门大学的院系与学科建设自有空前的发展。

四

1976 年 10 月 6 日，党中央一举粉碎“四人帮”；1977 年 9 月，全国恢复高考制度，1978 年 2 月，教育部恢复厦门大学为全国重点大学。1981 年 10 月，厦门被国务院确立为中国四个经济特区之一，身处中国经济特区的国家重点大学，厦门大学被历史推向了改革开放的前沿，学校逐渐顺利走向“党委领导下的校长负责制”的领导体制中，院系建设发展进入一个崭新的历史新时期。2000 年之后，按照校院二级管理体制改革，各学院建立学院党委，建立并逐步完善学院党政联席会议制度，厦门大学院系建设得到空前发展。

至 2020 年，改革开放中的厦门大学全校已建有 30 个学院 16 个研究院，展现出门类齐全、学科强劲、专业特色明显、布局合理的整体风貌。依据院系建设与发展的历史，以 1995 年启动“211 工程”为界，整个 42 年的改革开放可分为两个时期：1978 年至 1995 年为恢复与快速发展时期；1995 年之后伴随着国家“211 工程”、“985 工程”、创建“双一流”建设，厦门大学院系建设进入跨越式发展时期。

1978 年春天，当恢复高考制度后的第一届大学生走进厦大时，厦大共设有 10 个系 29 个专业，这些系与专业还只是集中于自然科学与人文社会科学的基础理论学科，基础雄厚，但面对世界新技术革命浪潮的兴起和新时期党与国家工作中心转移到社会主义现代化建设和改革开放上，尤其是经济特区和沿海开放城市、经济开发区的设立，原本的科系已经不能很好地适应新形势的需要，于是，学校大胆突破文理结构框架，调整学科与专业设置，大力充实、改造、复办老专业，增设一批新学科，优先创办一批涉外专业、应用科学和应用技术专业，开展边缘新兴学科研究，迈步向文理渗透、多学科组成的综合性大学

---

① 厦门大学档案馆、厦门大学校史研究室编：《厦门大学校史》第 2 卷（1949—1991），厦门大学出版社 2006 年版，第 142 页。

方向发展。

其一，以“起点要高，起点要新”的要求，创办一批新专业，集中在涉外、经济管理、新兴交叉学科与新技术专业。到1995年，全校已发展到26个系61个专业，突破长期以来保持的文理财经综合性大学格局，形成了包括智能科学、技术科学、人文科学、社会科学、管理科学、教育科学在内的多学科、结构比较合理、内容比较先进的学科体系。

其二，开始恢复学院建制。专业增多后，科、系不断发展，从管理与学科建设出发，开始逐步恢复学院建制。在20世纪80年代初期，先后成立经济学院、政法学院、全国综合性大学的第一个艺术教育学院、技术科学学院，其中技术科学学院的成立既带有复办工科的动机，更是以为国家培养急需的大量科技人才为目标，着重造就工科与理科相结合、交叉的学科的开创性人才。学院作为学校派出机构，具有一定自主权。

其三，以长远的战略眼光，充实、更新老专业。如20世纪70年代复办海洋系。在1952年的院系调整中，厦大将海洋系一分为三，用建立海洋生物研究室的名义战略性留住了海洋生物学科的骨干师资与教学标本，这使得厦大在1962年前后依然成为我国海洋科学的重要基地之一。海洋系虽然不再存在，厦大理科其他系却增设了海洋物理、海洋化学和海洋生物等新的专业、专门化，各系与华东海洋研究所密切配合，共同进行了26项海洋科学研究，成果引起国外学术界注意，《美国科学界对中国科学的看法》一书也提到厦大海洋科学研究的情况。复办后的海洋系，采取少招本科生、多招研究生、重拳科研、提高质量的策略，开展学科建设，并增设海洋水文气象和海洋地质地貌两个专业，为海洋系成为全国一流学科打下了坚实良好的基础。

1995年，厦门大学进入国家“211工程”行列；2001年，被列入国家“985工程”重点建设高校；2017年，入选国家A类“双一流”建设高校。在中国教育从教育大国走向教育强国的历史进程中，厦门大学的院系发展与学科建设，实现了跨越式发展。

1999年3月，全校深化校内管理体制改革，开始实行校院二级管理，学院建制全面铺开，各学院按照学院办大学的发展趋势，遵循“优化结构、强化内涵、扶优促新、鼓励交叉”的原则推动学科与专业建设，从1995年到2020年，全校共设置30个学院16个研究院，新增52个专业，撤销4个专业，调整18个本科专业，最终设置本科专业99个，涵盖文学、哲学、历史学、法学、经济学、管理学、理学、工学、建筑学、医学、艺术学等11个学科门类，以学科为支撑，打造一批定位明确、管理规范、改革成效突出，师资力量雄厚、培养质量一流的院系与专业群；全校有17个国家级特色专业，2个国家级人才培养模式试验区，2个国家级专业综合改革试点，3个专业入选教育部基础学科拔尖学生培养计划，24个专业13个项目入选教育部卓越人才培养计划。

这个时期，也是厦大研究生教育的大发展时期。1986年9月，国务院批准厦大试办研究生院；1996年3月，厦大正式获准设立研究生院；2018年，厦大成为全国首批20所学位授权自主审核单位之一。至2020年，全校共设有32个博士后流动站，36个一级学科博士学位授权点，45个一级学科硕士授权点。研究生院的建设与发展，推动了厦大研究生教育的空前发展，也更紧密地将厦门大学的学科建设与学院建设融为一体。

学科作为高校实施科研、教学活动和集聚人才的最基本的单元，是学校根本性的基础建设，也是院系建设发展的基础与支撑。这个时期，凭借国家“211工程”、“985工程”建设和创建“双一流”的支持，院系以学科为支撑，以学科建设为重心，凸显了学科建设的基础性与关键性。

其一，以学科建设为支撑为龙头，整合组建符合学科发展和拓展创新学科建设的学院，优化学科布局。如整合厦大早期传播和研究马克思主义与当代马克主义教学研究的资源，成立马克思主义学院，设立“985工程”重点学科“马克思主义理论”、“211工程”三期国家重点学科“中国特色社会主义理论与实践”建设项目，与中共福建省委宣传部合作共建“厦门大学中国特色社会主义理论体系研究与培训基地”，加强学科建设，建设国内高水平的马克思主义理论学术创新基地。如整合全校电子工程、电子科学、微电子与集成电路、电磁声等相关学科，组成电子科学与技术学院，入选国家示范性微电子学院；整合软件学院、物理科学与技术学院、计算机与信息工程学院相关资源成立信息学院；将公共事务管理学院的社会学系与人文学院的人类学系组合成社会与人类学院，更准确对应国际学科范式；而像数学科学学院、国际关系学院、台湾研究院、教育研究院、萨本栋微米纳米科学技术学院，则是应对历史与国家的需求，在学校原本的优势或特色学科基础上建立起来的学院。其中数学与应用数学为国家级一流专业、国家一类特色专业、国家理科数学与应用数学基础科学研究和教学人才培养基地，入选国家基础学科拔尖学生培养试验计划；台湾研究院入选国家高端智库试点建设、培育单位。以教育部人文社科重点研究基地会计发展研究中心和国家重点学科工商管理为依托，整合MBA和EMBA、会计系、工商管理系、管理科学系与旅游管理专业组成管理学院，很快使管理学院成为中国最具竞争力的十大商学院之一。工商管理、会计学、财务管理和电子商务4个专业入选国家一流本科专业建设点，在2017年教育部公布的全国第四轮学科评估中，工商管理一级学科获评 A 类学科，经济学与商学进入 ESI 全球前 1%行列。

其二，以大学科理念、通过国家人才培养基地和重点学科的依托带动，推进院系与学科的建设发展。1999 年校院二级管理体制改革伊始，学校就开始推行大学科的学院建制理念，文、史、哲 3 个系 6 个一级学科，以国家文科历史学基础科学研究和教学人才培养基地与国家重点学科中国经济史为带动，组建人文学院，力图打通文史哲，"研究高深学问"和培养人文学科精英人才。以大医科理念，整合生命科学学院、医学院、药学院、公共卫生学院等力量，推进学科交叉融合，构建医、教、研有机融合的医科教育体系。2018 年和中国卫生信息与健康医疗大数据学会共同建立医疗健康大数据国家研究院，汇聚理、工、医及社会科学十几个学院的教师与研究团队，通过自主创新和跨学科合作，产生一批国内外领先的具有良好产业转化价值的一流研究成果，凸显大学科整体的优势。

在大学科建设与学科协同创新中，由厦门大学牵头，与复旦大学、中国社会科学院台湾研究所、福建师范大学共同建设的国家协同创新中心"两岸关系和平发展协同创新中心"，由厦门大学、复旦大学、中国科学技术大学和中科院大连化物所为核心层，组建的国家级协同创新中心"能源材料化学协同创新中心"，都体现出大学科、跨学科与跨越部门、学校的创新优势。2018 年 12 月，国家自然科学基金委依托厦门大学建设"国家天元数学东南中心"，该中心由数学科学学院牵头，联合 5 个省 14 所高校为共建单位，更是以大学科、大组合、大跨越的组织形态呈现出构建一流核心竞争力的重要举措。

其三，发挥优势，打造国内领先、国际一流的高峰学科，是这一时期厦大院系建设与发展水平最基本也是最重要的成果之一。目前厦门大学有理论经济学、应用经济学、工商管理、化学、海洋科学 5 个国家一级重点学科，另有 25 个国家二级重点学科，分布在经济、管理、化学化工、数理、海洋与地球、生态与环境、法学、高等教育、生命科学、人文等学院。另有化学、工程学、农学、社会科学、计算机科学、分子生物学与遗传学、微生物学、药物理与毒理学、地学、物理学、经济学与商学等 18 个学科在 ESI 全球排名前 1%；17 个学科在 QS 世界大学学科排行榜上有名，上榜数居中国大陆高校第 12 位；37 个学科登上软科世界一流学科排行榜，上榜数居中国大陆高校第 8 位。2017 年，化学、海洋科学、生物学、生态学、统计学入选国家"双一流"建设行列。

当我们对厦大 100 年的院系发展做出梳理后，我们会发现，厦大百年院系的历史脚步，实际上是伴随着 100 年来中华民族伟大复兴的风云变幻与中国高等教育的命运嬗变而砥砺行走的，它走的是一条从小到大、从少到多、从大到强的历史发展脉络，一条是院系建设与学科发展紧密融合的道路，一条是国际竞争力和整体实力不断提升的道路。百年院系不断调整不断演化的进程，也就是百年学科不断变革不断创新的历程，这里有成功的喜悦，也有挫折的教训，有起伏的艰辛，也有前进的欢笑，但无论在什么时候、在什么样的空间里，都向着校主陈嘉庚先生提出的"世界之大学"目标前行，都沿着"与世界各大学相颉颃"的意志行进，都朝着"中国特色，世界一流"的憧憬踔厉奋进。

五

"厦门大学百年院系史"系列的编撰出版，是各院系向厦门大学百年华诞献上的一份礼物，她以100年来各个学院、研究院的学科发展、专业建设、院系在时代中变动的脚步为主要内容，呈现不同历史时期南方之强的个性与风采。目的在于总结经验，传承命脉，弘扬自强不息、止于至善精神，激励"双一流"建设，为厦门大学与中国高等教育留下一份珍贵的历史叙述。全校共有35个院系、研究院及厦大出版社参加了这个规模空前的编写工程。每部院系史主要包含以下内容：

一、历史的脚步。这是全书最主要的叙述，它通过对院系的历史梳理，描述出在各个历史时期的发展脉络与特征，客观呈现各学院发展进程中的主要事件，重点叙述以学科建设、人才培养为重心的发展变化、主要特点和成就，以及行政管理、社会服务上的变更发展。

二、党政管理。叙述院系党的建设情况，行政机构的变更，历任党、政领导等。

三、学科发展。叙述院系学科建设发展的轨迹与特色、地位与成绩，包括博士授权点、硕士授权点介绍及其人才培养特色，研究基地、研究所、中心介绍及其工作特色，重点实验室介绍及其工作成就，对外交流成果等。

四、教学成果。阐述院系在人才培养与教学教育中的发展嬗变，包括专业设置、课程体系、精品课程与教改项目、教学成果奖、特色专业与创新试验区、教学团队、教材建设、人才培养基地、创新创业教育等内容。

五、学术成就。配合学科建设的发展，叙述学术上的做法与成就，包括获奖学术成果、主要著作与论文、主要研究课题。

六、附录：院系大事记。

这是一项具有长远意义且严肃的工作，学校要求各院系在编撰中坚持正确的政治导向，突出与中国共产党同龄的厦门大学教育救国、教育兴国、教育强国的历史步点；重点叙述与提炼各学科、各专业及人才培养的发展与成就，彰显学术大师和著名校友的贡献；历史须客观叙述，要求准确无误有根有据，尽可能追根溯源，填补漏缺，还原历史，强调学术传承。但历史的写作须经千锤百炼，百年院系历史的叙述需要长期的淬炼，今天打开的这个脚步，难免深浅不一，难免有疏漏之处，还有许多需要打磨甚至勘正的地方，还请各位读者批评指正。

全校的百年院系史系列编撰工作在2019年的春天启动，历时两年的时间，在厦门大学百年华诞到来之际，终于与厦大人、与各方读者见面了。当各院系的撰写者在各自的历史隧道中搜寻攫微、考辨记载而写出自己的院系历史的时候，实际上是在对一个学科、一个院系的过去与今天的研究梳理，也是与明天的一个重要联系与启示。相信经过这次院系史的研究编写，各学院各学科将会以史为鉴，以更宏伟的规划更准确的定位更实在的工作，在党的坚强领导下，向着"中国特色，世界一流"的建设方向，奋力推进厦门大学院系建设与学科发展。

2021年3月12日

前言

厦门大学物理学科始建于1923年,厦门大学物理科学与技术学院前身最早可以追溯到1924年6月成立的厦门大学物理学系,是厦门大学办学历史最为悠久的教学单位之一。1999年6月,学校整合相关学科资源成立了物理与机电工程学院,经过多年辛勤耕耘,物理与机电工程学院逐渐发展成为由物理学系(1924年成立)、机电工程系(1998年复办)、航空系(2008年复办)、电子科学系(2011年成立)和天文学系(2012年复办)组成的理工型学院;2015年,航空系、机电工程系和自动化系组建为厦门大学航空航天学院;2016年,以电子科学系和电子工程系为基础,组建成立电子科学与技术学院(国家示范性微电子学院);2015年12月,物理与机电工程学院正式更名为物理科学与技术学院,现设有物理学系、天文学系和生物仿生及软物质研究院。

1923年4月,学校改学部为科,全校设置文、理、教育、工、商、新闻等科,标志着厦门大学物理学科教育肇始;1924年6月,厦门大学物理学系正式成立。厦门大学物理学科依托单位在历史上先后经历了物理学系时期(1924—1930),理学院时期(1930—1940),理工学院数理学系时期(1940—1952),恢复物理学系时期(1952—1999),物理与机电工程学院时期(1999—2015),物理科学与技术学院时期(2015年至今)。其中,恢复物理学系时期经历了"大跃进""文化大革命"等政治运动,1966—1969年停止招生,1970—1972年开办工农试点班,1972年开始正式招收工农兵学员,1977年正式恢复全国统一高考招生。2019年12月,厦门大学物理学专业入选国家级一流本科专业建设名单。物理学作为其他自然科学研究的基础,在学科发展中扮演着重要角色。厦门大学物理学科存续百年、延续至今,其百年发展史就是一部我国物理学发展的鲜活历史。

厦门大学天文学系始建于1927年9月,是我国高校中最早建立的3个天文系之一,晚于齐鲁大学天文算学系(1917年),也略晚于中山大学数学天文系(1927年),是我国现代天文学史上的重要一页,后于1930年9月因故停办。

2012 年 11 月 26 日，厦门大学举行天文学系复办揭牌仪式，成为当时继南京大学、北京师范大学、北京大学、中国科学技术大学之后，我国开办天文学系的第五所高校。

厦门大学机电工程系创办于 1940 年秋，是由国际近代著名物理学家、卓越的电机工程学家、杰出教育家、厦门大学前校长萨本栋先生亲手创办，后于 1952 年全国院系调整时分别并入浙江大学、南京工学院、北京航空航天大学、南京航空航天大学。1998 年，厦门大学机电工程系复办，由科学仪器与精密机械系更名而来。

厦门大学航空系始建于 1944 年，是当时全国仅有的 4 个本科航空院系之一，1951 年并入北京航空航天大学；2008 年 4 月，飞行器动力工程专业组合发展为厦门大学航空系(复办)。航空系和机电工程系在物理与机电工程学院期间得到快速发展。

厦门大学电子科学系前身为 20 世纪 50 年代的无线电物理和半导体物理专业。2011 年 4 月 7 日，电子科学系在物理学系电子信息科学与技术专业的基础上成立。

厦门大学生物仿生及软物质研究院成立于 2013 年。2015 年，软物质研究院获批国家柔性物质研究及应用学科创新引智基地(“111 计划”)和福建省柔性功能材料重点实验室，2016 年获批厦门市“柔性导电材料与器件”工程技术研究中心。

学院(系)历史上经历了 6 次“分家”与整合，分别是：

(1)支援福州大学筹办无线电物理学系。1959 年年底，为支持新建立的福州大学筹办无线电物理学系，厦门大学物理学系抽调了一大批骨干教师到福州大学任教，其中电子物理专业整套人员和设备都搬到了福州大学。

(2)海洋物理专业剥离。1970 年，学校决定成立海洋系，分别从物理学系、化学系、生物学系抽出相关专业组成，物理学系的海洋物理专业被抽调出去，该专业的教师大部分也都调整进入海洋系任教。

(3)系办工厂(综合电子厂、光学厂)并入校办精密仪器厂。20 世纪 70 年代初，物理学系系办工厂设有半导体器件车间、整机车间，试制成晶体管和医疗仪器(如心脏起搏器)。1976 年，系办工厂从物理学系分离出去，与校仪器厂一起组成校办的精密仪器厂，系里部分教师也随之被抽调过去。

(4)无线电电子技术组剥离。1985年,物理学系无线电专业中的无线电电子技术组被分离出去,发展成为厦门大学电子工程系。

(5)2015年4月6日,学校整合相关学科资源成立厦门大学航空航天学院,由航空系、机电工程系和自动化系成建制合并而来。

(6)2016年11月,学校整合相关学科资源,以电子科学系和电子工程系为基础,组建成立电子科学与技术学院(国家示范性微电子学院)。

在学校党委、行政的坚强领导下,学院正朝着“双一流”建设的目标不断迈进。学院始终坚持社会主义办学方向,坚决贯彻执行党的教育方针,各项工作取得了显著成就。在发展过程中,为国家和社会培养了一大批优秀人才,涌现了以谢希德院士、曾融生院士等为代表的杰出院(系)友,还先后孕育了厦门大学航空航天学院和电子科学与技术学院,为学校的学科发展和专业建设做出了重要贡献。

2021年4月,厦门大学迎来百年校庆。为总结办学经验,展示办学成果,学院凝聚各方力量,组成院史编写小组,根据学校统一部署,对院史内容进行修订、补充和续写,形成了更为丰富和完善的《厦门大学物理科学与技术学院院史》,并作为校史分卷,献礼厦门大学百年华诞。

《厦门大学物理科学与技术学院院史》分为5个部分,包括历史的脚步、党政管理、学科发展、教学成就和学术成就。历史的脚步介绍了厦门大学物理学科及学院发展和演变的历史;党政管理介绍了学院在历史发展过程中党组织和行政组织的变迁;学科发展介绍了学院硕博士授权点建设、实验室建设和对外交流等内容;教学成就和学术成就分别介绍了学院的教学成果和学术成果。附录包括院系大事记,其他科研、教学成果,校友及企业捐赠,部分杰出院/系友及照片集锦。

《厦门大学物理科学与技术学院院史》编纂组

2021年1月

目录

c o n t e n t

第三部分
学科发展

第四部分
教学成就

第五部分
学术成就

第六部分
附 录

第一部分
历史的脚步

第一章　厦门大学建校到中华人民共和国成立前夕(1921—1948)

第一节　物理学教育的兴起和天文学系的创办(1921—1929)

旧中国积贫积弱,长期的教育落后和人才匮乏是摆在社会进步和发展面前的巨大阻碍。早年在新加坡经商有成的爱国华侨陈嘉庚每每谈及这些问题都痛心疾首、感慨不已:“教育不振则实业不兴,国民之生计日绌……言念及此,良可悲也。”陈嘉庚认为:“国家之富强,全在乎国民。国民之发展,全在乎教育。”他以“教育为立国之本,兴学乃国民天职”为信条,一生资助或创办的学校有100多所。1913年,陈嘉庚回家乡福建集美先后创办了集美小学、集美中学、师范、水产、航海、商科、农林等学校(统称集美学校),后又决心创办一所新式大学以图国之富强,厦门大学就是在这样的背景下酝酿产生的。

1921年,陈嘉庚先生全力筹办厦门大学,亲自挑选校长、出资购买校址、主持建筑校舍、高薪聘请师资等;4月6日,中国第一所由华侨创办的大学——厦门大学正式成立。陈嘉庚兴办实业,并非为了腰缠万贯、贪图享乐,而是为了回报桑梓、富强祖国。正如他自己所说,“立志一生,所获财利,概办教育,为社会服务,虽屡遭困难,未尝一日忘怀”,便有了后来“变卖大厦,维持厦大”的动人故事。陈嘉庚的爱国情怀永远铭刻在千百万华人华侨心中,他一直受到祖国人民的尊敬和怀念,更被毛泽东主席誉为“华侨旗帜,民族光辉”!

中国最初的物理教育始于19世纪下半叶的洋务运动期间,当时掀起了向西方学习科学技术的热潮,众多西方读物被译成中文供国人学习,一些“文馆”和“学堂”也开始开设课程,编写教科书,如京师同文馆总教习丁题良编写的《格物入门》就是一本以物理学和化学为主要内容的教科书。总的来说,当时的物理课程教学内容和形式较为落后,不过这样的尝试也让近代物理学教育有了一个良

校主陈嘉庚

好的开端。[①]

辛亥革命之后，政府日益重视国民教育，颁布了一系列促进教育发展的政策文件，特别是1922年颁布的“壬戌学制”，标志着近代科学教育体制已经基本建成，大批新学校如雨后春笋般纷纷创立。而在初期物理学教育中，教学工作由部分外籍教师参与和领导，但大部分教学任务是由学成归来的留学生承担的。众多公派留学生为后来中国包括物理学科教育发展在内的高等教育发展奠定了人才基础。

物理学是自然科学的基础学科，是工业革命和高新技术的先导。鸦片战争以来，中国贫穷落后、屡战屡败的现状让国人意识到，工业技术发展须得赶上西方的脚步，才能实现国富兵强。而当时我国物理学科教育发展非常落后，急需培育大量人才。

在这样的条件和背景下，许多大学开始了物理学教育。1921年3月，即将宣告成立的厦门大学经筹备委员会公布了《厦门大学大纲》，勾勒了学校科系组

① 刘树勇，李艳平，王士平，等.中国物理学史(近现代卷)[M].南宁：广西教育出版社，2006:223.

织建设情况。大纲规定，厦门大学拟设师范、法制经济学、商学、工学、农林学、医学 6 部，师范部内再设哲学教育、文史地、数理化和博物 4 科。建校初期，全校实际开设师范、商学两部，在师范部内，分设文、理两科，而在理科内开设物理学门，厦门大学的物理学教育由此发端。

厦门大学物理学教育的兴起，充分体现了校主陈嘉庚及老一辈厦大人的高瞻远瞩和忧国忧民的爱国情怀，厦门大学也因此成为国内较早开始物理学教育的学校之一。

1924 年 6 月，学校又在本科教育内将教育、商科、新闻科并入文科，将工科并入理科，全校仅分文、理两科，并在科之下设立学系。文科有 8 个系——国文系、外国语言文学系、哲学系、历史社会学系、政治学系、教育学系、商学系、新闻学系；理科有 6 个系——数学系（1927—1936 年改称算学系）、物理学系、化学系、植物学系、动物学系、工程学系。① 至此，厦门大学物理学系正式宣告成立，当年招收第一届本科生两名。

1925 年 8 月，厦门大学开始筹办气象台。当时台内已备有最高寒暖计、最低寒暖计、干湿计、水银晴雨计、雨量计、风速计、太阳强度计各一台，太阳射热计两台。1927 年春，学校聘请加利福尼亚大学天文物理博士、天文学家余青松到校任教。余青松来校后，兼任天文台筹备主任，拟再建一完备的天文台，使厦大成为中国南方天文、气象研究中心之一。

1926 年 3 月到 12 月，胡刚复（物理学家，美国哈佛大学物理专科学士及博士）、朱志涤（物理学家，美国麻省理工学院物理学士，宾夕法尼亚大学数学硕士、物理学博士，原任苏州东吴大学物理学教授）前来物理学系任教，他们的到来充实了物理系的师资力量，提高了教学的质量和水平。胡刚复在我国现代教育与科学史上有着重要地位，是中国近代物理学事业奠基人之一。1927 年担任厦门大学理科主任兼物理学系主任，聘请能人志士主持理科各系工作，使理科逐渐步入正轨。

1927 年 9 月，厦门大学天文学系成立，这是我国现代天文学史上的重要一页。厦门大学天文学系是我国高校中建立最早的 3 个天文系之一，其成立时间

---

① 厦门大学校史编委会.厦大校史资料　第五辑：组织机构沿革暨教职工名录（1921—1987）[M].厦门：厦门大学出版社，1990.

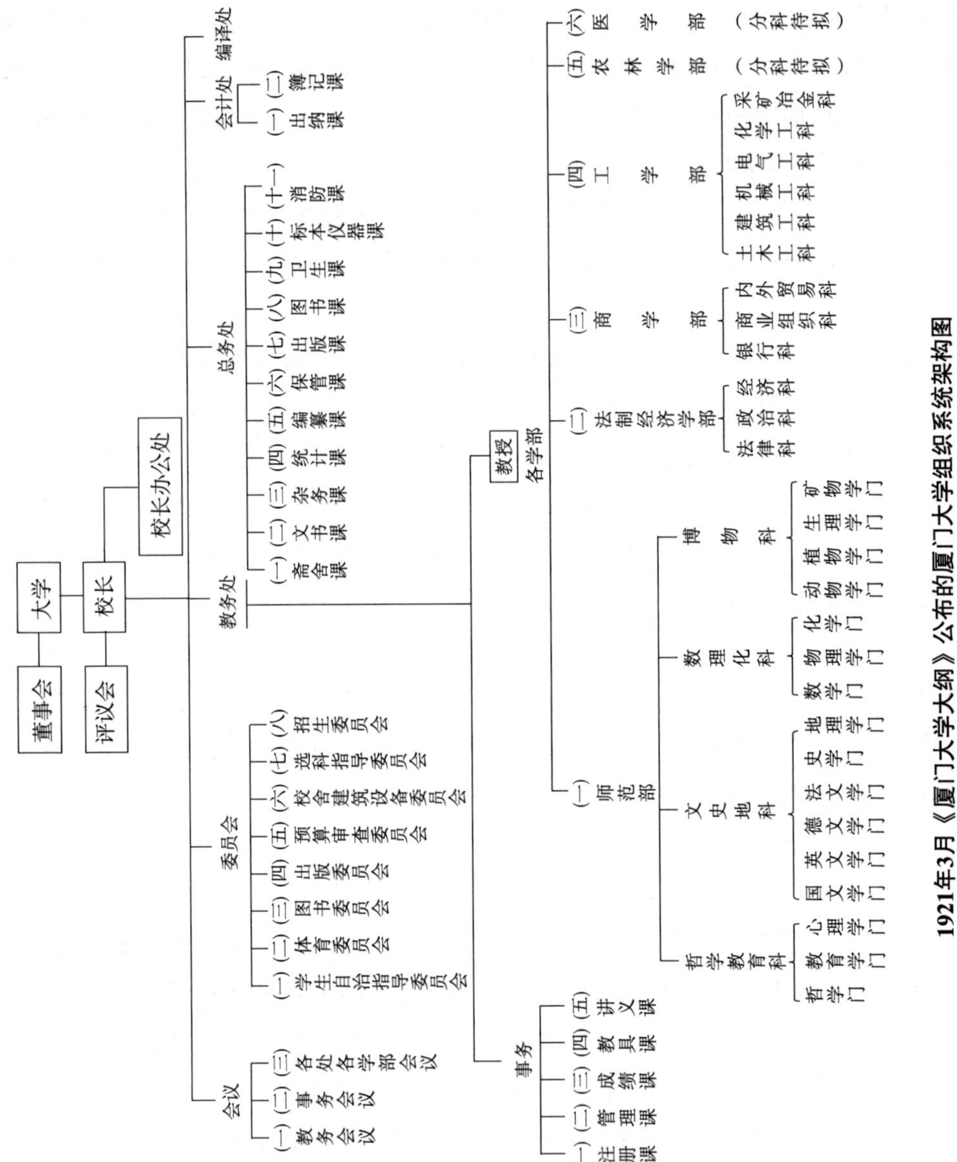

1921年3月《厦门大学大纲》公布的厦门大学组织系统架构图

仅晚于齐鲁大学天文算学系(1917 年)和中山大学数学天文系(1927 年)。此后，气象台主要由天文系师生使用和管理。其成立两年多来，研究管理人员利用先进的设备仪器每日测记，资料按年汇编，对厦门地区的气象研究做出了巨大贡献。此外，还有口径 4 寸(1 寸≈3.3 cm)的天文望远镜 1 台，供天文系学生实验使用。

1928 年，物理学系首届毕业生黄启显、黄启丰顺利毕业。

1929 年 7 月，余青松离开厦门大学天文学系，赴任南京中央研究院天文研究所(1928 年 2 月成立)第二任所长。余青松到任后立即着手建造紫金山天文台，历时 5 年，该天文台于 1934 年 9 月 1 日落成(后发展为中国科学院紫金山天文台)。在厦门大学天文学系任教期间，余青松草拟的天文台图样落成为南京紫金山天文台的赤道仪室。余青松关于厦门大学天文台的蓝图，经过转移和放大，终于在紫金山上实现了。余青松主持创建一个大学天文学系和两个天文台(中国科学院紫金山天文台、云南天文台前身)，并留下一个全国重点文物保护单位(国立紫金山天文台旧址)，这样的功绩，在我国现代天文学史上实属罕见。

第二节　学院时期的发展(1930—1936)

20 世纪 30 年代初，校主陈嘉庚实业经营失利，私立厦门大学陷入经费竭蹶的困境，学校不得不开始逐步精简机构。1930 年 2 月，遵照教育部所颁布的大学组织法，学校改“科”为“学院”，物理学系分属理学院，其他 4 个学院分别是文学院、法学院、教育学院和商学院。

1930 年 9 月，由于系主任余青松赴南京任职且学校经费紧张，天文学系不得不停止办学。

虽然学校出现经费短缺的困局，但从 1931 年开始，学校里各种学术、学艺社团蓬勃涌现。至 1937 年春，物理学系出现了物理学会、无线电研究会两个主要的学生社团组织，并开展了多场活动，学生课外活动日益丰富。

1934 年秋，物理学系附设的气象台受到教育部补助，聘请中央研究院气象研究所杨昌业来台主持，更新内容且大加扩充，向德国添购精确的最高温度表及最低温度表，取代从前的摄氏表；向英国采购地温表 3 具，以供农业气象探测。杨昌业还督工自造班森氏测云器及蒸发皿等，其质量与舶来品无异。由于气象探测水平不断提高，海军部特令厦门海军无线电台自 1935 年 4 月 1 日起，每日代发厦大气象台的气象报告两次，在台风期内增为 3 次。此外，厦门大学气象台于 1935 年 3 月创办《气象学从论》(不定期)，1936 年 1 月创办《气象学月刊》，皆由杨昌业主持更新。

1936 年 4 月，校董会决议将物理学系和算学系合并成数理学系，仍属理学院。合并当年，物理学系毕业生总数为 10 人。

在经费紧张、机构紧缩的过程中，学校对教师采取尽力挽留、有缺必补的方策，使全校师资素质一直保持在较高水平。1931—1937 年，包括美国加利福尼亚大学物理学博士葛正权等数位优秀教授到物理学系任教。

第三节　国立厦门大学成立后(1937—1949)

1937 年，陈嘉庚无力再支持厦门大学经费开销，在要求厦门大学"永不改名、永不离开福建"的前提下，将厦门大学献给国家。经研究，7 月 1 日，南京国民政府教育部决定将私立厦门大学改为国立厦门大学。

1937 年 7 月 6 日，著名物理学家、清华大学物理系教授萨本栋受命于危难之际，担任国立厦门大学第一任校长并于当日与原校长林文庆进行交接。

旋即发生"七七事变"，日军发动全面侵华战争。7 月 29 日，萨本栋正式上任视事。为保存学校实力，学校先将图书、仪器搬到鼓浪屿，当时鼓浪屿尚为万国租界。1937 年 12 月 24 日起，厦门大学师生奔赴长汀，物理学系随迁，于 1938 年 1 月 17 日正式复课，复课时学生数 6 人。

在偏僻山城，一切从头开始，租借、修缮、改造、扩展校舍，事无巨细，萨本栋都要"亲为或与闻"；延聘师资，筹划经费，萨本栋绞尽脑汁；组织教学，兼任、代教多门课程，萨本栋以身作则。在萨本栋的精心组织和严格管理下，厦门大学校务和数理学系的发展蒸蒸日上。

1938 年秋季开学后，学校奉令确定院系组织，全校设文、理、商 3 学院。理学院下设数理、化学、生物、土木工程 4 系，数理系仍属理学院，理学院院长由蔡镏生担任，数理学系主任由萨本栋暂兼。到 1938 年，数理学系在籍学生共 20 人。

1939 年，谢玉铭来数理系任教。谢玉铭是美国芝加哥大学哲学博士，美国加州理工学院物理研究员，曾任燕京大学物理学系教授兼主任、湖南大学物理学系教授兼主任。周长宁(留学英国，研究宇宙射线)、陈世昌(近代物理方向)等也来系任教。

1940 年，萨本栋亲手创办了机电工程系。经过不断发展，机电工程系成为

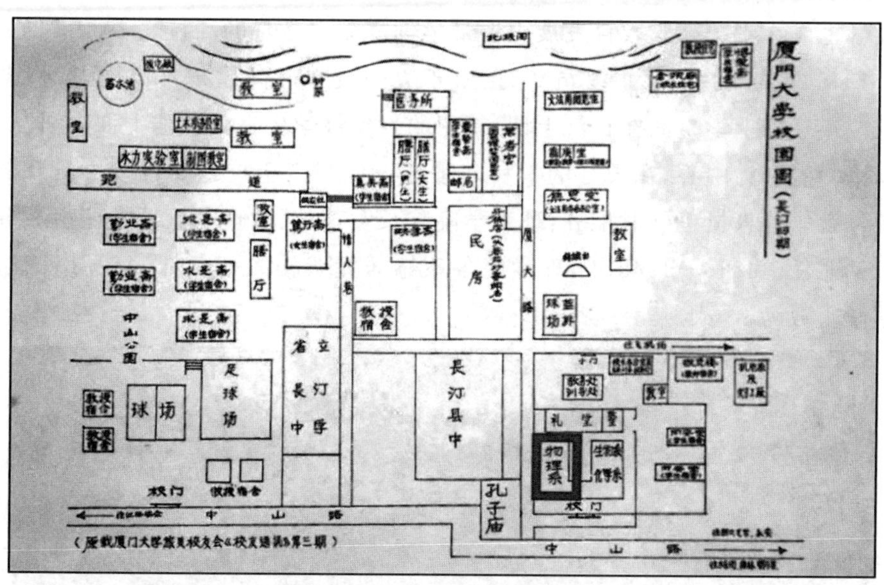

厦大长汀时期的物理系所在

当时厦门大学师资水准最高、对学生最具吸引力的学系之一，连续几年为厦门大学第一大系。机电工程系创设后，理学院于 1940 年秋扩充为理工学院，下属有数理、化学、生物、土木工程、机电工程 5 学系。

萨本栋与陈嘉庚

1943 年，萨本栋赴美国讲学，由副校长汪德耀代理校长职务；1945 年 9 月，汪德耀正式出任厦门大学校长。

1944 年，厦门大学创办航空系，是当时全国仅有的 4 所本科航空系之一，厦门大学也成为中国高等教育发展史上最早创办航空教育的高校之一。

1945年抗战胜利，为“复员年”。由于厦门校本部尚住日本俘虏，数理系及全校二年级以上学生尚在长汀上课，新招的一年级学生在鼓浪屿上课，学校一切工作以“复员”为中心，在长汀的学科陆续迁返厦门。全校主要行政人员及各学院各学系领导人员也同时配齐：理工学院院长黄苍林，数理学系系主任由教务长谢玉铭兼任。1946—1948年，理学院各系蜷居囊萤楼先行复课，复员厦门时数理系学生数为28人。

1946年厦门大学女毕业生在长汀笃行斋合影留念

（前排左一为“中国半导体学科奠基人”之一谢希德）

萨本栋兼任数理学系系主任期间以及担任校长的7年（1937—1944）时间里，以罕世惊人的毅力忍受胃癌病痛。在办学条件十分困苦的抗战年代，全身心带领全校教职工和数理学系师生直面困难、执着教研、壮大校系。萨本栋呕心沥血、鞠躬尽瘁，使得厦大成为祖国东南边陲唯一一所最高学府，实至名归的“南方之强”，1944年还被国际友人誉为“加尔各答以东之第一所大学”。

从1937年至1949年，数理系共毕业了62名学生，不少学生成绩优异，有些毕业生后来还成为国内外知名的科学家、教授和技术专家，如固体物理学家、中国科学院学部委员、复旦大学原校长谢希德，中国科学院学部委员、地球物理学家曾融生等，这是厦门大学发展的一个重要阶段，也是物理学科（数理学系）一个重要的发展阶段。

第二章　中华人民共和国成立初期（1949—1976）

第一节　数理学系后期（1949—1951）

1949 年 10 月 17 日，厦门解放。10 月 20 日，厦门军事管制委员会宣布暂时接管厦门大学，厦门大学自此回到人民手中。解放后，按厦门市军事管制委员会的指示，文、法、商 3 学院 10 个系暂不招生，理、工两学院 8 个系于 12 月份招收新生 135 名。

1949 年年底，厦门大学正式复课。全校共设有文、理、工、商、法 5 个学院，18 个学系，理学院下设有数理、化学、生物、海洋 4 个学系。

解放前夕至 1950 年，数理系主任由当时的理学院院长卢嘉锡兼任，1951 年，方德植代理系主任。

1951 年 3 月，按照中华人民共和国成立初期中央关于“调整、统一、整顿、巩固”的方针，厦门大学航空系奉命与西北工学院、北洋大学的航空系合并，组建清华大学航空学院（后发展为北京航空航天大学）。

第二节　恢复物理学系时期（1952—1976）

一、物理学系复办初期（1952—1965）

1952 年秋，全国院系大规模调整，物理学系恢复成立，机电工程系并入浙江大学、南京工学院（现东南大学）、上海华东化工学院（现华东理工大学）。

1955 年，厦门大学的院系调整工作全面完成，全校设中文、外文、历史、数学、物理、化学、生物、经济 8 系 13 个专业，院级建制撤销。厦门大学不仅恢复成立了物理学系，而且从校外调聘了黄席棠等骨干教师来系任教，教师队伍得到明显扩充。当时全系教师 20 人，其中有黄席棠、罗炽才两名教授，副教授 3 名，讲师 5 名，助理教授 10 名。系主任由黄席棠担任(1952—1958)，黄席棠是德国理学博士，原任上海交通大学物理学系主任。这一年，厦门大学物理学系党支部正式成立，首任书记为李岗。

当时我国学习苏联教育模式，实行教育部颁发的指令性教学计划和教学大纲，强调基础理论教学以及理论与实践的紧密联系。在 4 年中，学生需修满 24 门独立的课程，共 3805 学时，并完成生产实习、教学实习以及做毕业论文。作为物理学系复建后的第一任系主任，黄席棠亲自讲授“普通物理”课程，亲自建立示范教学实验室。系里还开设了许多选修课程，以拓宽学生的基础知识和技能，而且多数课程由教师根据教学大纲自己编写教材。当时学生的学习任务非常繁重。

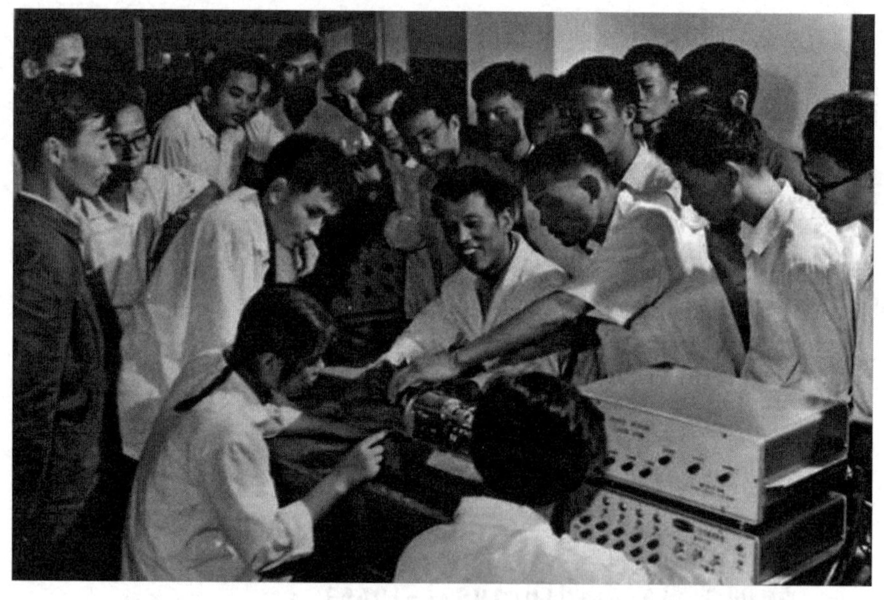

物理系师生在电子仪器厂同工人一起研究工业电视机的技术问题

黄席棠任内，物理学系的规模急速扩大。1952—1958 年，教学仪器和科研仪器迅速增加。根据教学大纲，物理学系充实了普通物理实验室，不仅项目齐备，而且每一实验项目都有 4 到 5 套设备可供学生使用。继而又开设了“中级物理实验”课(1981 年改称“近代物理实验”)，先后从国内外购进了大批贵重精密的仪器，如大中型棱镜摄谱仪、各种干涉仪、折射仪、光学显微镜、X 光机、空气压缩液化设备等，总价值近百万元人民币。该中级物理实验室，在当时是国内最早建立且水平较高的实验室之一。

物理学系 1955 年开始半导体发光研究，最早研制出电致发光材料；1956 年制出我国第一块导电玻璃，建立了发光研究实验室，是全国进行发光物理教学和研究的主要单位之一。半导体方面的研究，也始于 1955 年，主要开展半导体能带、化学键理论及半导体中的杂质缺陷、光电性质以及半导体器件物理方面的研究。

吴伯僖(右一)、郑健生(右二)观察发光物理实验

1956—1958 年，根据我国 12 年科学发展规划，厦门大学和北京大学、复旦大学、南京大学及东北人民大学(今吉林大学)5 校在北京大学举办半导体专门化联合教学，物理学系派出人员有刘士毅、吴伯僖、陈金富、孙书农、黄淡来。5 校联合办学期间，1957 年毕业的物理系学生有许居衍、沈耀文、周必忠、郑健生；1958 年毕业的有吕文选、蒋江涵等；由北京大学五年制毕业的学生有黄美纯、陈辰嘉、洪良基、王仁智。这些人员后来成为厦门大学物理学系半导体物理领域的中坚力量，也为改革开放后物理学系半导体领域的大力发展奠定了坚实的基础。

1957年5校联合半导体专业教师合影(前排左七和左十分别为黄昆和谢希德)

1958年,刘士毅和吴伯僖牵头正式在物理学系建立半导体专业并招生,厦门大学成为最早设立半导体物理专业的5所高校之一。此时专业内已经建立了从材料制备到晶体管制造的整套工艺流程,研制出福建省第一只单晶硅(参加教师:周必忠、林逢炉)、福建省第一个二极管和三极管(参加教师:王仁智、吴荣华),并组装成福建省第一台晶体管收音机。在科研方面,承担多项国家科研项目,主要研究半导体少数载流子扩散长度和寿命等重要参数,组建了研究半导体表面光伏的设备,在对二极管进行测量时首次发现二极管的负阻效应,并带领五年级学生进行研究(同时期日本江畸也测量到这个现象,深入研究后,发表了《重掺杂半导体二极管的隧道效应》,并获得诺贝尔物理学奖)。其间,刘士毅、黄永宝、吴伯僖合编出版了《半导体物理实验》一书,该书在20世纪50年代至60年代被各高校广泛采用,引为实验教材。这期间,严子浚在有限时间热力学的理论研究上,也颇有创获,先后在国内外学术刊物上发表了十来篇论文。

1956年起,物理学系每年招收新生都超过100人,一年的招生数就超过解放前的二十多年毕业生总数(含数理学系,仅72人)。学生数增多,教学质量也稳步提升,教学和科研工作蒸蒸日上。到1958年,全系教职工数达到58人,其

目　录

刘士毅、黄永宝、吴伯僖编的《半导体物理实验》

中教授 1 人、副教授 5 人、讲师 10 人。

1958 年起，根据上级有关管理权力下放的规定和"教育大革命"深入发展的要求，学校对现行的体制、机构进行调整，对一些系、专业做适当的变动。在理科下设 4 系，数学系、物理学系、化学系和生物系，物理学系分物理学专业和海洋物理专业，物理学专业下设无线电物理专门化、电真空物理专门化、半导体物理专门化、原子核物理专门化 4 个方向，海洋物理专业正式建立。

同时，为帮助新创办的福州大学筹办无线电物理学系，物理学系抽调了包括黄席棠、颜戊己、刘士毅等一批骨干教师到福州大学任教，电子物理教研组、电子管工厂、化学一所、电子学一所、技术物理研究一所等，整批人马和全套仪器设备都调往福州大学，厦门大学物理学系的发展受到了一定的影响。

在这期间，由于"左"的干扰，教学秩序受到冲击，如 1957 年的反右斗争、1958 年的"大跃进""人民公社化""大炼钢铁"运动，学生们都停课参加"运动"，时间累计超过一年半，这无疑对基础理论教学有相当的影响。1960 年之后，教学秩序逐步走上正轨。

1959 年，物理学系开办无线电物理专业，并成立理论物理专门化。

1960 年，无线电物理专业开设电子物理专门化。同年，物理学系成立了两个研究所：技术物理研究一所，所长由卢嘉锡兼任，到该年年底迁到福州大学；技术物理研究二所，所长为吴伯僖，1962 年后，系所合并，技术物理研究所的名字一度被取消。

经历了“大跃进”、困难时期和1961年后的调整，教学秩序得以恢复。有些专业的学制改为5年，理论课程得到加强，教学工作稳步发展。根据国家的需要，1959年还增设海洋物理专业，当年招收17名学生，以物理学系为主，还曾成立过福建省电子研究所二所、福建省海洋研究所物理研究室。

1963年之后，政治运动频繁，物理学系进入缓慢发展阶段。

1965年3月，为了贯彻中央和福建省教育改革的相关指示，学校对理科的教学、科研和生产劳动做了重新调整和安排，并尽可能组织到工农业生产第一线去，实行理论与实践的结合。为此，到4月底，理科各系师生先后走出校门，到厦门电控厂、电池厂等17个工厂，一边参加生产劳动，一边进行科学实验，承担直接服务于社会的科研项目。物理学系师生292人，分别到灯泡厂、工程机械厂等8个工厂，参加了厂里的技术革新活动，帮助工厂解决了一些技术难点。

20世纪五六十年代，学校积极向苏联派遣留学生。洪良基、吕文选成为解放后物理学系第一批赴苏留学人员。解放后至“文革”前，物理学系先后曾向苏联和东欧国家派出留学生4名。

1956—1965年，物理学系每年在系学生人数都超过400人。到1966年的“文革”前夕，物理学系教职工总数达到130人，学生人数最高达到500人。

二、开门办学时期（1966—1976）

1966年开始的“文革”，使全国教育系统受到严重冲击。1966—1969年，学校停止招生，毕业生滞留学校，校内形成两派，互相对立，正常教学无法进行，教师被下放，基础设施被破坏，如近代物理实验的真空设备等被砸烂，许多经典实验设备被扫除。

1966—1972年，广大教职工下放劳动，在校的师生则到系办工厂下车间劳动。“文革”中期，多数教师和职工进入系办工厂下设的电子车间、整机车间，生产半导体二极管、三极管及有关测试仪器等。系办厂于1976年由物理学系分出，发展为厦门大学综合电子厂。综合电子厂是校办厂中规模最大，最重要的一个厂，当时有固定工人136人，包括电子材料与电子器件、自动控制、机修、电子仪器4个车间，并与物理学系的专业统一组成连队。在办厂期间，通过实践，总结经验，在刘士毅的指导下，由张声豪和连世阳编写了《半导体工艺原理》一书，并于1975年由人民教育出版社出版。

1970年8月，校革委会提出建立“无产阶级教育新体制”，是“为了全面贯彻执行教育必须为无产阶级政治服务，必须同生产劳动相结合的方针的需要”。这种新体制是“在校办工厂、实验室、科研组的基础上，打破系的界限，把理科4个系的有关专业纳入校办的电子厂、化工厂、制药厂，实行厂带专业的新体制。各专业的教师、学员和工厂的工人统一组成专业连队，由工厂一元化领导，统筹安排教学、科研、生产”。具体做法是打破原仪器厂、物理学系和数学系的建制，建立校办电子厂，成立革命领导小组，由工宣队、军宣队成员和原3个单位选派的干部组成，实行一元化领导。工厂设5个车间，即电子材料车间、电子器材车间、电子仪器车间、自动控制车间、机修车间。其中，电子器材车间是半导体器件专业的“三结合”教学基地，主要进行各种半导体管、集成电路、场发光等的研制，这个连队由物理学系物理专业改编而成；电子仪器车间，是电子仪器专业的“三结合”教学基地，主要进行电视接收机、场致发光示波器和雷达等整机的研制，由原物理学系无线电物理专业改编组成；自动控制车间，是自动控制专业的“三结合”教学基地，主要进行有关计算机和电子自动控制方面的生产和科研，由原数学系计算数学专业和物理学系有关电子自动控制部分合并而成。这些车间由胡荣华负责筹建，组织建立了一整套平面制造工艺和测试设备，研制出硅平面二极管和三极管，制造出硅开关管。

1970年，海洋物理学专业并入海洋系。

1971年12月底，召开了厦门大学第四届党代会，恢复校党委，各部、处、系恢复成立党总支。1973年后，福建省委陆续审批任命处、系单位行政领导人。1973年年初，军宣队分批离校，工宣队继续留校参任各单位领导。

1971年，成立光电子物理专业，全系共设半导体物理、无线电物理和光电子物理3个专业。

1970年3月，学校开始招收工农试点班学员，物理学系先后在校办工厂、厦门造船厂、电化厂、工程机械厂、边防检查站、财政局同安天马种猪场等单位办了试点班，招收56人(于1973年1月毕业)；1970年秋，物理学系正式开办半导体物理、无线电、有机合成和半导体材料专业试点班；1972年开始正式招收工农兵学员，到1976年，物理学系招收工农兵学员共计332人，学制3年。到这时，遭到大破坏的教学秩序才逐渐恢复，直到 1977 年正式恢复高考招生，教学秩序才转向正常。

物理系学生积极参加农村义务劳动

“文革”期间实行“文革”教学模式，提出推倒学校“围墙”，从“高楼、深院”里走出去，实行“走出校门与三大革命实践相结合”的“开门办学”的新模式。在这一模式的指导下，学校开始删减课程和教材内容。物理学系的“量子力学”“电动力学”“理论力学”“热力学”被裁撤。力、热、光、电 4 个部分课程内容被删除后仅剩电学和力学，而这两部分内容也只是高中时就应当掌握的知识。

同时学校还举办短期班和函授班，开展多种形式办学。物理学系举办“半导体基础知识”“心脏除颤调搏器”短训班等。这些短训班一般在生产单位举办，有的课题，如“船体放样”虽然教师本来并不熟悉，但在与工人的共同研讨中，学到了一些生产实践的知识。许多学员经过几个月的短期学习以后，在生产中也发挥了作用。物理学系在龙溪、龙岩地区举办的“农村广播技术”短训班，先后为农村培养 200 多名技术人员。这些学员原来只有小学、初中文化程度，经过 50 天的培训，结合维修机器，边学、边干，能够掌握扩大器、收音机、录音机等的基本原理和装配修理技术。他们后来担负农村广播站的技术管理工作，能排除一般的故障,进行初步维修。

1970 年开始,学校各专业的科研人员走出校门,从工厂、农村的需要出发,和工农兵相结合,与社会上的技术革新相结合。当时物理学系研制可控硅车床自动控制系统、半导体管磨床自动控制系统和晶体管垂直鱼探器,取得了一些成效。

1974 年和 1975 年,刘士毅带领教师和学生到上海当时最先进的半导体工厂(无线电七厂、十四厂、十九厂)参加集成电路研制,成功研制出当时先进的中规模集成电路(指导教师:杨锦赐、王仁智、郑永梅)、单片带译码驱动器(指导教师:沈顗华),填补了当时国内的空白。

"文革"期间,物理学系系设研究机构——综合电子研究室,原为 20 世纪 60 年代福建省科委委托办的电子所,1963 年电子所迁走,厦门大学成立半导体物理研究室,"文革"期间改为综合电子所,有半导体物理、光电子、无线电物理 3 个组。其中半导体物理研究组,研究内容改为固体发光物理、硅件及其表面研究;光电子学研究组的研究内容为激光干涉计量、光纤维传光传像、超小型光学元件的设计和加工、非线性光学元件应用研究;无线电物理研究组的研究内容为电视技术及其应用、在微波段介质电性质研究、中西医疗电子新产品试制。

为加强数、理、化公共课的教学,学校于 1977 年 12 月中旬决定正式恢复公共物理教研室,归属物理学系。

评议组成员，并享受政府特殊津贴。

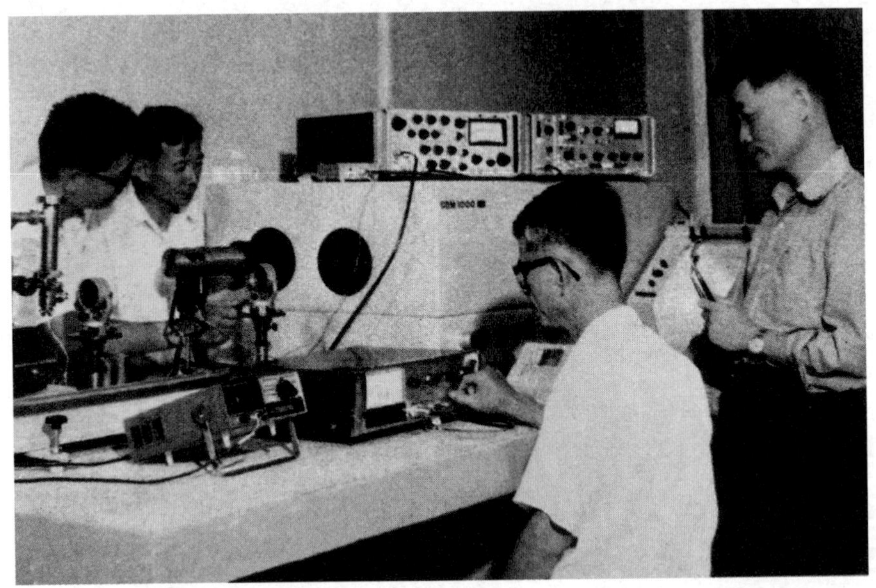

20 世纪 80 年代初，吴伯僖(右一)、郑健生(右二)在指导研究生做实验

20 世纪 80 年代初，刘士毅(右一)指导半导体物理研究生做实验

1985 年，按照学校发展需要，无线电物理专业中的无线电电子技术方向分

出物理学系，发展成立电子工程系，隶属于技术科学学院。同年，开始招收光电子学专业硕士研究生、固体物理教材教法的教育学硕士研究生。

1986 年，开始招收半导体物理与器件物理专业的博士研究生。1978 年到 1986 年，物理学系在教学和科研方面得到重大发展，教师队伍得到很大充实和提高，全系教职工总数达到 170 名，其中教授 9 名、副教授 25 名。物理学系还承担全校本科生“普通物理”及“普通物理实验”公共课程的教学工作。到 1986 年，在学本科生总数约 400 名，研究生总数达 60 名。全系设半导体物理（下分发光物理及半导体物理两个专门化）、理论物理、光电子物理和无线电物理 4 个专业，基础物理、近代物理实验、理论物理、发光物理、半导体物理、光电子物理和无线电物理等教研室。此外，还设有图书资料室、仪器供应室、材料供应室、金工室和仪器装修室。1978 年，学校设立技术物理研究所，所长吴伯僖，专职人员 23 人，下设凝聚态物理和新技术研究室。

1990 年 10 月 5 日，国务院学位委员会批准第四批博士和硕士学位授予单位及博士、硕士学位授权点名单，物理学系获准的硕士学位授权学科、专业点有光学，新增黄美纯为博士研究生导师。黄美纯长期从事教学和科研工作，研究兴趣为半导体物理、量子力学、发光物理、凝聚态物理等，研究成果丰硕，于 1997—2003 年担任国务院学位委员会物理学与天文学学科评议组成员，并享受政府特殊津贴。

1993 年，郑健生新增为博士研究生导师，其主要研究方向为凝聚态物理，并享受政府特殊津贴。

1994 年，陈金灿破格晋升为教授、博士研究生导师，后担任物理与机电工程学院院长。陈金灿长期从事物理学教学和科研工作，与许多国家的学者开展了一些前沿课题的合作研究，取得了可喜的成果，被国外几种学术刊物聘为编委或审稿人，2003—2013 年担任国务院学位委员会物理学与天文学学科评议组成员，并享受政府特殊津贴。

至 1997 年，物理学系已建立了 1 个博士点：半导体物理与半导体器件物理（1986 年，后改为凝聚态物理博士点），硕士点由原来的两个增加到 5 个：半导体物理与半导体器件物理（1978 年）、无线电物理（1978 年）、理论物理（1986 年）、光学（1992 年）和凝聚态物理（1996 年）专业点，共有 6 名博士研究生导师。

为了适应地方经济建设发展需要，厦门大学开始加强推动工科发展，于

7 月 23 日，厦门大学中国-澳大利亚功能纳米材料联合实验室成立，挂靠物理与机电工程学院。

2009 年，物理学专业被教育部批准为第四批高等学校特色专业；飞行器动力工程、微电子学专业被评为省级特色专业；“工程光学”被评为省级精品课程；理论物理教学团队获评省级优秀教学团队；成功获批两个福建省研究生教育创新基地(全校共 4 个)，分别为“福建省物理学研究生教育创新基地”和“福建省机械电子工程研究生教育创新基地”。学院还新增“电气工程及其自动化”本科专业并于秋季学期正式招生。

2010 年，学院又获批 3 个一级学科博士点和 1 个一级学科硕士点，即仪器科学与技术一级学科博士点、机械工程一级学科博士点、电子科学与技术一级学科博士点、航空宇航与科学技术一级学科硕士点。同年，学院光电子与信息技术研究生教育创新基地获厦门大学研究生创新人才培养实践基地。

2011 年 4 月 7 日，电子科学系在物理学系电子信息科学与技术专业基础上成立。4 月 22 日，萨本栋微米纳米技术研究中心更名为“萨本栋微米纳米科学技术研究院”。

2011 年电子科学系成立揭牌仪式

2012 年，学院参加第八批博士后流动站申报，获批“仪器科学与技术博士后”流动站。

2012年6月，厦门大学校长办公会议正式同意复办天文学系，同年11月26日，学院邀请国内各天文机构代表共同见证了天文学系的复办。2013年，天文学本科专业获得教育部批准，同年开始招收天文学专业本科生。从1930年停办到2012年复办，天文系中断了82年之久，天文系的复办也使得厦门大学成为当时继南京大学、北京师范大学、北京大学、中国科学技术大学之后，我国开办天文学系的第五所高校。

2012年天文学系复办仪式

到2012年，以厦门大学物理与机电工程学院为第一署名单位发表的JCR一区论文已收录的有10篇，物理学系蔡伟伟课题组的论文“Thermal Conductivity of Isotopically Modified Graphene”发表在*Nature Material*，这是有史以来第一篇以物理与机电工程学院为第一单位的*Nature*、*Science*及其子刊的论文，标志着学院跨入了我校*Nature*、*Science*俱乐部。

2013年4月，电磁声学研究院揭牌成立。4月6日，生物仿生及软物质研究院成立；福建省电子科学与技术研究生教育创新基地获批建设，加强了电子科学与技术一级学科建设。

2014年4月21日，经校长办公会审议同意，中国科学院国家天文台、厦门

厦门大学多学科优势资源，联合九江地方科研院所与高新技术企业，围绕新能源、新材料等领域的产业技术新型协同创新平台，计划利用3年时间，建设两个江西省重点实验室（工程技术研究中心），加速科研成果转移转化。2019年，在江西省科技厅、九江市科技局的支持下，经过全体职工的不懈努力，研究院成功获批江西省首批新型研发机构。

厦门大学九江研究院外景

2017年，物理学科所在的“化学与物质基础学科群”入选国家“双一流”建设计划，学院凝练成5个研究方向：低维凝聚态物理、统计物理、半导体光电材料与器件、多信使天体物理、软物质物理。

2018年，学院新增3个学生实习实践基地：厦门大学石墨烯研发实训基地、厦门大学大功率电力电子器件校外实习实践教育基地、厦门大学中国科学院云南天文台天文实习基地。

近年来，在国家“211工程”、“985工程”及“双一流”建设的大力支持下，学院取得巨大发展。除了物理学系、天文学系和生物仿生及软物质研究院，学院还下设了五大省部级研究机构：微纳光电子材料与器件教育部工程研究中心、柔性物质研究及应用创新引智基地、半导体光电材料及其高效转换器件协同创新中心、柔性功能材料重点实验室、福建省半导体材料及其应用重点实验室，四大市级研究机构：厦门市光电信息材料与器件工程技术研究中心、厦门市柔性功能材料与器件工程技术研究中心、九江市半导体光电材料及应用工程技术研究中心、九江市石墨烯材料及应用重点实验室，两大校级研究机构：厦门大学理论物理和天体物理研究所、厦门大学半导体光子学研究中心。学院的科研水平得到了大幅提升。

物理学系逐步形成了统计物理及其交叉学科、低维凝聚态物理、半导体光电材料与器件、软物质介观结构学与应用等若干个特色或新兴学科方向，形成了物理学一级学科博士点，物理学博士后流动站，凝聚态物理国家重点学科。在教育部第四次学科评估中，厦门大学物理学科获评 B+，整体实力稳步提升，ESI 学科排名保持在全球前 1%以内；2019 年 12 月，厦门大学物理学专业入选国家级一流本科专业建设名单。2015 年以来，由于学院办学实力大幅提升，物理学系本科招生人数从之前的每届 80 人提高到 2020 年的 140 余人，且均为主动填报志愿。此外，2020 年还首批招收“强基计划”学生 20 名(“强基计划”即基础学科招生改革试点，是教育部开展的招生改革工作，主要是为了选拔培养有志于服务国家重大战略需求且综合素质优秀或基础学科拔尖的学生)。全系教授 35 人，副教授 28 人，助理教授 11 人，另有院士两人(双聘、兼职)，国家杰出青年科学基金获得者 3 人。

天文学系现有全职教职工 14 人，包括教授 7 人，副教授 4 人，特任研究员两人，工程师 1 人。其中国家杰出青年科学基金获得者 3 人，优秀青年科学基金获得者 3 人，青年海外高层次人才引进计划入选者两人，“万人计划”科技创新领军人才入选者两人，国家重点研发计划首席科学家 1 人，科技部中青年科技创新领军人才两人，教育部新世纪优秀人才支持计划入选者 1 人，福建省高校领军人才 1 人，福建省高校领军青年拔尖人才 1 人，“闽江学者”特聘教授 3 人，校级特聘教授 1 人，福建省高等学校新世纪优秀人才支持计划入选者两人，厦门大学南强青年拔尖人才支持计划 A 类两人、B 类两人；所有教师均为硕士生导师，10 人为博士生导师；科研经费充裕，群体成员主持或参与多项国家自然科学基金杰青、优青、重大、重点、面上、青年和天文联合项目、中科院先导项目及国家重点研发计划等近 20 项；天文学系成员的研究方向广泛，几乎涵盖天体物理和宇宙学各个领域，与国内外交流合作频繁，学术成果丰硕。天文学系具备从本科到博士研究生的完整培养体系。2013 年起，招收四年制天文学专业本科生；2016 年起，招收天体物理与宇宙学专业硕士和博士研究生(之前在理论物理方向招生)；2019 年起，招收天文学一级学科硕士研究生。另外，常年招收博士后研究人员。

2013 年，生物仿生及软物质研究院成立。研究院全职教职工 13 人，包括教授 2 人、副教授 5 人、助理教授 3 人、工程师 3 人。其中教育部长江学者讲座教

第四章　行政机构的发展变迁

回顾历史，学院行政几经更替，从建校初期的物理学系到理学院、理工学院，再到物理学系复建、成立物理与机电工程学院，最后更名，从物理学系发展到理工综合性学院。但无论时代如何发展，学院始终秉承立德树人的目标，为社会主义建设培养人才，在学校等相关部门的行政机构调整和设置中主动适应，奋发图强，努力造就新时代的物理科学与技术学院。学院的行政发展变迁如下：

1924 年 6 月，厦门大学物理学系正式成立，田渊添任代理系主任。

1927 年 9 月，设立天文学系(1930 年 9 月停办)，余青松任首任天文系主任。

1930 年 2 月，学校改科为学院，物理学系隶属理学院，田渊添任系主任(1931 年代理，1933 年起任，直到 1936 年)。

1936 年 4 月，物理学系和算学系合并为数理学系，系主任先由林觉世担任，后由萨本栋亲自兼任。

1952 年秋，全国院系调整，厦门大学恢复成立了物理学系，卢嘉锡任理学院院长兼物理学系主任。

“文革”期间，物理学系停止招生办学，1970 年 10 月，开始招收工农试点班学员，物理学系招收 56 人(于 1973 年 1 月毕业)；1972 年开始正式招收工农兵学员，到 1976 年 4 年间共报 270 名学员，学制两年或三年。1972 年到 1976 年 5 年间，物理学系招收工农兵学员共计招生 332 人，学制三年。到这时，遭到大破坏的教学秩序才逐渐恢复，直到 1977 年正式恢复高考招生，教学秩序才转向正常。

1971 年 12 月底召开了厦门大学第四届党代会，恢复校党委，各部、处、系恢复成立党总支；1973 年后福建省委陆续审批任命处、系单位行政领导人；1973 年年初军宣队分批离校，但工宣队继续留校参与各单位领导，蒋江涵任物理学系主任。

1978 年，恢复高考招生后，吴伯僖担任物理学系主任，后物理系系主任分别由黄启圣（1984—1990）、陈传鸿（1990—1995）、黄美纯（1995—1997）、陈金灿（1997—1999）担任。

1999 年 6 月，厦门大学物理与机电工程学院成立；7 月 5 日，陈金灿出任物理与机电工程学院院长。

2008 年 1 月至 2015 年 12 月，吴晨旭接任物理与机电工程学院院长。

2012 年 11 月 26 日，天文学系复办揭牌仪式在科学艺术中心二楼四号会议室举行，中断 82 年的厦门大学天文系复办，首任系主任为卢炬甫。

2015 年 12 月，物理与机电工程学院更名为物理科学与技术学院，吴晨旭任院长。

2017 年 12 月，方陶陶接任物理科学与技术学院院长。

第五章　党组织的发展变迁

基层党组织是中国共产党强健躯体的细胞和血肉，学校基层党组织担负着“培养社会主义现代化接班人、把握社会主义办学方向”的重要政治任务。1926 年，罗扬才、李觉民和罗秋天 3 名厦大青年学子在囊萤楼组建了厦门地区第一个中共支部——厦门大学党支部，同时也是福建省第一个中共党组织，从此囊萤之光从厦大西村绽放，照亮了福建的革命道路。

1953 年 9 月，中共厦门大学物理学系支部宣告成立，李岗任首任党（支部）总支书记。越来越多的师生加入中国共产党，厦大物理人从此在党组织的关怀下走向更广阔的天空。

1958 年，中共厦门大学物理学系支部改称中共厦门大学物理学系党总支部，由林蒲田任党总支书记。

1969 年年底，恢复成立了中共厦门大学物理学系支部，并成立革命领导小组，蒋江涵（革命领导小组副组长）任中共厦门大学物理学系支部书记。

1973 年 10 月，中共厦门大学物理学系支部再次改为中共厦门大学物理学系党总支部，由林蒲田担任党总支书记。

1977 年理学院时期，林蒲田继续担任物理学系党总支书记。

到物理与机电工程学院成立前，物理学系历任党总支书记为卞守耆、林祖谋、杨保田、郑永梅。

1999 年 7 月 5 日，学校决定成立中共厦门大学物理与机电工程学院总支部委员会，撤销中共厦门大学机电工程系总支部委员会，撤销中共厦门大学物理学系总支部委员会，由赖虹凯任中共厦门大学物理与机电工程学院总支部委员会书记。

2003 年 11 月 4 日，中共厦门大学物理与机电工程学院总支部委员会更名为物理与机电工程学院党委，赖虹凯任党委书记。

2016 年 2 月，由于学院已经更名，物理与机电工程学院党委同时变更为物理科学与技术学院党委，林奋强任党委书记。

第六章 历届党政机构主要负责人名单

第一节 行政主要负责人名单

物理学系(1924—1936)

田渊添	1924年代理
胡刚复	1927年
朱志涤	1928年起任
田渊添	1931年代理;1933年起任至1936年

天文学系(1927年至1930年9月停办)

余青松	1927年9月至1930年9月

数理学系(1936—1952)

林觉世	1936年
萨本栋	1937年至1938年,校长暂兼
谢玉铭	1939年至1942年,理学院院长兼
周长宁	1942年至1945年,代理
谢玉铭	1945年秋至1946年春,教务长兼
陈世昌	1946年至1947年
章元石	1947年,请假
黄苍林	1947年至1948年,理工学院院长兼
崔九卿	1948年,兼
黄启显	1949年,未到校
古文捷	1949年,兼

王谟显　　1949 年 10 月，未到校
罗炽才　　1950 年 2 月，代理
卢嘉锡　　1950 年 7 月，暂兼
方德植　　1950 年 9 月至 1952 年

物理学系(1953 年至 1999 年 6 月)

主　任

卢嘉锡　　1952 年年底至 1953 年年初，理学院院长暂兼
黄席棠　　1953 年至 1957 年
卢嘉锡　　1958 年 2 至 8 月，教务长兼
何恩典　　1958 年秋至 1970 年夏
蒋江涵　　1970 年秋至 1978 年夏
吴伯僖　　1978 年秋至 1984 年秋
黄启圣　　1984 年至 1990 年
陈传鸿　　1990 年至 1995 年
黄美纯　　1995 年至 1997 年夏
陈金灿　　1997 年至 1999 年 7 月

副主任(1978 年后)

吕文选、陈悦、蒋江涵、陈彩生、黄献烈、郑建安、刘焕堂、黄美纯、陈金灿、赖虹凯、林国星、康俊勇

物理与机电工程学院(1999 年 6 月至 2015 年 12 月)

院　长

陈金灿　　1999 年 7 月至 2008 年 1 月
吴晨旭　　2008 年 1 月至 2015 年 12 月

副院长

吴正云　　1999 年 7 月至 2012 年 12 月
黄元庆　　1999 年 7 月至 2008 年 1 月
胡国清　　1999 年 7 月至 2003 年 12 月

陈　忠	2003 年 12 月至 2015 年 12 月
洪永强	2003 年 12 月至 2007 年 12 月
郭隐彪	2008 年 1 月至 2014 年 3 月
姚　斌	2008 年 1 月至 2012 年 12 月
孙道恒	2012 年 12 月至 2015 年 9 月
赵　鸿	2012 年 12 月至 2014 年 10 月
李书平	2014 年 9 月至 2015 年 12 月

物理学系(1999 年 7 月至 2015 年 12 月)

主　任

吴正云	1999 年 7 月至 2003 年 12 月(兼任)
吴晨旭	2004 年 4 月至 2008 年 6 月
赵　鸿	2008 年 6 月至 2013 年 2 月
蔡伟伟	2013 年 2 月至 2015 年 12 月

副主任

林国星	1999 年 6 月至 2004 年 4 月
康俊勇	1999 年 6 月至 2003 年 6 月
苏国珍	2004 年 4 月至 2013 年 2 月
王辅明	2004 年 4 月至 2008 年 6 月
李书平	2008 年 6 月至 2014 年 10 月
周先荣	2013 年 2 月至 2015 年 9 月
吴志明	2014 年 10 月至 2015 年 12 月

机电工程系(1999 年 6 月至 2015 年 4 月)

主　任

黄元庆	1999 年 7 月至 2003 年 12 月(兼任)
郭隐彪	2004 年 4 月至 2008 年 6 月
孙道恒	2008 年 6 月至 2013 年 2 月
侯　亮	2013 年 2 月至 2015 年 4 月

副主任

朱立秒　　1999 年 7 月至 2002 年 3 月

孙道恒　　2002 年 3 月至 2004 年 4 月

陈永明　　2004 年 4 月至 2008 年 6 月

叶军君　　2004 年 4 月至 2013 年 2 月

席文明　　2008 年 6 月至 2013 年 2 月

卓　勇　　2013 年 2 月至 2015 年 4 月

吴德会　　2013 年 2 月至 2015 年 4 月

航空系(2008 年 4 月至 2015 年 4 月)

主　任

林　麒　　2008 年 6 月至 2014 年 10 月

尤延铖　　2014 年 10 月至 2015 年 4 月

副主任

吴　榕　　2008 年 6 月至 2015 年 4 月

尤延铖　　2013 年 2 月至 2014 年 10 月

邢　菲　　2014 年 10 月至 2015 年 4 月

电子科学系(2011 年 3 月至 2015 年 12 月)

主　任

柳清伙　　2011 年 6 月至 2015 年 12 月

副主任

蔡淑惠　　2011 年 6 月至 2015 年 12 月

郑振耀　　2011 年 6 月至 2015 年 12 月

天文系(2013 年 3 月至 2015 年 12 月)

主　任

卢炬甫　　2013 年 7 月至 2015 年 9 月

方陶陶　2015 年 9 月至 2015 年 12 月

副主任

顾为民　2013 年 7 月至 2015 年 12 月

物理科学与技术学院(2015 年 12 月至今)

院　长

吴晨旭　2015 年 12 月至 2017 年 12 月

方陶陶　2017 年 12 月至今

副院长

陈　忠　2015 年 12 月至 2017 年 9 月

李书平　2015 年 12 月至 2020 年 12 月

刘向阳　2016 年 9 月至 2020 年 6 月

顾为民　2016 年 9 月至今

陈理想　2017 年 12 月至今

陈张海　2020 年 12 月至今

黄　凯　2020 年 12 月至今

物理学系(2015 年 12 月至今)

主　任

蔡伟伟　2015 年 12 月至 2020 年 6 月

吴顺情　2020 年 6 月至今

副主任

吴志明　2015 年 12 月至今

吴顺情　2016 年 4 月至 2020 年 6 月

张学骜　2020 年 6 月至今

电子科学系(2015 年 12 月至 2016 年 11 月)

主　任

柳清伙　　2015 年 12 月至 2016 年 11 月

副主任

蔡淑惠　　2015 年 12 月至 2016 年 11 月

郑振耀　　2015 年 12 月至 2016 年 11 月

天文学系(2015 年 12 月至今)

主　任

方陶陶　　2015 年 12 月至今(兼任)

副主任

顾为民　　2015 年 12 月至 2017 年 1 月

刘　彤　　2017 年 1 月至今

第二节　党组织负责人名单

中共厦门大学物理学系支部(1953 年至 1999 年 6 月)

中共厦大物理学系支部总支书记

李　岗　　1953 年 9 月至 1957 年 5 月(兼任)

林蒲田　　1957 年 5 月至 1958 年

中共厦大物理学系支部总支副书记

李玉清　　1959 年 2 月至 1966 年 5 月

吕文选　　1965 年 9 月至 1966 年 5 月

林世玉　　1965 年 9 月至 1966 年 5 月

“文革”期间(1966年5月至1976年10月)

迟建喜(“文革”前期,军宣队)

谭先开(“文革”前期,军宣队)

谭先开(革命领导小组;军宣队)

林建基(革命领导小组;工宣队)

林蒲田(党总支书记)

李玉清(1971年;革命领导小组)

谭先开(1972年;物理系党总支书记;军宣队)

林蒲田(1973年;物理系党总支书记)

李玉清(1966年5月至1969年2月;系党总支副书记)

吕文选(1966年5月至1969年2月;系党总支副书记)

林世玉(1966年5月至1969年2月;系党总支副书记)

杨保田(1973年11月至1976年10月;系党总支副书记)

王学文(1973年11月至1976年10月;系党总支副书记)

吴在平(1974年9月;系党总支副书记;工宣队)

中共厦大物理学系支部总支书记

林蒲田	1977年至1978年5月
卞守耆	1978年6月至1978年9月
林祖谋	1978年(代理负责人)
林祖谋	1980年1月至1984年11月
杨保田	1984年11月至1987年3月
郑永梅	1987年3月至1999年6月

中共厦大物理学系支部总支副书记

杨保田	1976年10月至1984年11月
王学文	1976年10月至1980年12月
刘瑞堂	1983年2月至1984年11月
郑永梅	1984年11月至1987年3月
刘　新	1987年3月至1990年5月

施工中　　1990 年 5 月至 1993 年 11 月
吴正云　　1994 年 3 月至 1999 年 6 月

中共厦门大学物理与机电工程学院总支部委员会
(1999 年 7 月 5 日至 2003 年 11 月 4 日)

总支部委员会书记

赖虹凯　　1999 年 7 月至 2003 年 11 月

总支部委员会副书记

林玉明　　1999 年 7 月至 2003 年 11 月
张　琥　　1999 年 7 月至 2003 年 11 月

中共物理与机电工程学院党委(2003 年 11 月至 2016 年 2 月)

党委书记

赖虹凯　　2003 年 11 月至 2007 年 12 月
洪永强　　2007 年 12 月至 2015 年 9 月

(2015 年 9 月至 2016 年 2 月空缺)

党委副书记

林玉明　　2003 年 11 月至 2008 年 3 月
张明智　　2004 年 3 月至 2007 年 12 月
刘　弢　　2008 年 3 月至 2013 年 1 月
杨　旸　　2008 年 3 月至 2014 年 9 月
张秀丽　　2013 年 7 月至 2016 年 2 月
郑镇锋　　2014 年 9 月至 2015 年 9 月
郑诚明　　2015 年 9 月至 2016 年 2 月

中共物理科学与技术学院党委(2016 年 2 月至今)

党委书记

林奋强　　2016 年 4 月至 2020 年 11 月
李书平　　2020 年 11 月至今

党委副书记

张秀丽　　2016年2月至今

郑诚明　　2016年2月至今

第三部分 学科发展

第七章　硕士、博士授权点发展情况

研究生培养是学科发展的重要组成部分，学位授权点的建设是办学水平的重要标志之一。一直以来，学院（系）都把研究生培养和学位授权点建设和发展放在极为重要的位置上。学院（系）在发展过程中，根据自身实际，结合国家、社会发展需要，坚持立德树人、办出特色、办出水平的理念，积极开展研究生培养和学位授权建设工作。到目前为止，学院（系）已经初步形成了本硕博一体化、产学研相结合的学科发展体系。

第一节　物理学系时期

1981 年 11 月，国务院批准全国首批博士、硕士学位授予单位，物理学系可授予硕士学位的专业有半导体物理与半导体器件物理、无线电物理。

1983 年 12 月，经国务院批准，物理学系新增博士学位授予学科、专业点：半导体物理与半导体器件物理；新增硕士学位授予学科、专业点：理论物理。

1990 年 10 月，国务院学位委员会审核批准第四批博士和硕士学位授权学科、专业点，物理学系获批硕士学位授予的学科、专业点有：光学。

1997 年，半导体物理与半导体器件物理博士点调整为凝聚态物理博士点。

到物理与机电工程学院成立前，物理学系已建立了凝聚态物理博士点 1 个，共有 6 名博士生导师；硕士点 4 个，即凝聚态物理、无线电物理、理论物理和光学。

第二节　物理与机电工程学院时期

2001 年 3 月 26 日，国家人事部、全国博士后科研流动站管委会正式授予学院“物理学博士后科研流动站”点。

2001 年年底，学院有博士点两个（凝聚态物理、理论物理），硕士点 7 个（凝聚态物理、无线电物理、理论物理、光学、微电子学与固体电子学、测试计量技术及仪器、精密仪器及机械）。

2003 年 7 月，新增物理学一级学科、测试计量技术及仪器二级学科博士点。

2006 年，学院新增学位授权学科、专业点：博士点 3 个——微电子学与固体电子学、机械电子工程、精密仪器及机械；硕士一级学科、专业点 1 个——电子科学与技术；硕士学科、专业点两个——机械设计及理论、航空宇航制造工程。

2008 年，学院新获批 1 个工程硕士点——电子与通信工程，新增 1 个本科专业——电气工程及其自动化，1 个省级特色专业——飞行器动力工程。

2010 年，学院获批 3 个一级学科博士点和 1 个一级学科硕士点，即仪器科学与技术一级学科博士点、机械工程一级学科博士点、电子科学与技术一级学科博士点和航空宇航与科学技术一级学科硕士点。

第三节　物理科学与技术学院时期

2015 年 12 月，学院更名为物理科学与技术学院，学科点基本已涵盖现有各专业门类，共有 1 个国家重点学科（凝聚态物理），两个博士后流动站（物理学、电子科学与技术），两个一级学科博士学位授权点（物理学、电子科学与技术），两个一级学科硕士学位授权点（物理学、电子科学与技术），1 个硕士专业学位授权点（电子与通信工程）。

第八章　研究院所、实验室、研究中心建设情况

1952年秋，物理学系恢复成立，开始着手建设高水平实验室。1952年到1958年，物理学系先后从国内外购进了大批贵重精密的仪器，充实了普通物理实验室，不仅项目齐备而且每一个实验项目都有4～5套设备可供学生使用，如大、中型棱镜摄谱仪，各种干涉仪、折射仪、光学显微镜、X光机、空气压缩液化设备等，总价值近百万元人民币，建立中级物理实验室，在当时是最早建立且水平较高的实验室之一。

物理学系从1955起开始半导体发光研究，最早研制出了电致发光材料；1956年制出第一块导电玻璃，建立了发光研究实验室，是全国进行发光物理教学和研究的主要单位之一。

1959年，以物理学系为主成立了福建省电子研究所二所、福建省海洋研究所物理研究室。1960年，物理学系又成立了两个研究所：一是技术物理研究一所，所长由卢嘉锡兼任，到该年年底迁到福州大学；二是技术物理研究二所，所长吴伯僖。到了1962年，系所合并，技术物理研究所的名字一度被取消。

"文革"期间，物理学系设综合电子研究室，原为20世纪60年代福建省科委委托办的电子所，1963年电子所迁走，厦门大学成立半导体物理研究室，"文革"中改为综合电子所，有半导体物理、光电子学、无线电物理3个组。其中半导体物理研究组，研究内容改为固体发光物理、硅件及其表面研究；光电子学研究组的研究内容为激光干涉计量、光纤维传光传像、超小型光学元件的设计和加工、非线性光学元件应用研究；无线电物理研究组的研究内容为电视技术及其应用、在微波段物介质电性质研究、中西医疗电子新产品试制。

1978年，学校重新成立了技术物理研究所，第一任所长是吴伯僖。该所下设若干个研究室，较早建立的研究室有半导体发光研究室、半导体物理和器件物理研究室；近年来新成立的研究室和实验室有神经网络研究室、信息光学研究

室、激光全息研究室、信息光电子学实验室、光纤光学与光谱实验室、非线性光学与光电测量实验室等。当时所里有专职研究人员 23 人，下分凝聚态物理研究室和新技术研究室。

2000 年，厦门大学物理实验教学中心由学校组建成立并进行重点建设，实行校院二级管理，在原有的普通物理实验室、近代物理实验室和 3 个专业基础实验室的基础上组建而成，并按照国家实验教学示范中心的建设标准进行管理体制、硬件建设、教学体系和课程内容的改革。该中心的基础物理实验室是国家“211 工程”重点实验室，于 1998 年通过国家教委“211 工程”验收，并在 2005 年教育部本科教学工作水平评估评建工作中受到教育部专家的好评，2006 年获批“福建省物理实验教学示范中心”。

2001 年 7—10 月，学院新建成了机械学实验室、电工学实验室。

2005 年，在中科院半导体所王启明院士的倡导和推动下，学院成立了厦门大学半导体光子学研究中心；同年，学院还成立了厦门大学理论物理与天体物理研究所。截至 2005 年，学院建成教学实验室包括基础物理实验室、近代物理实验室、半导体和光电子专门化实验室、无线电和电子信息专门化实验室、电子设计实验室、电工学基础实验室。

2007 年 8 月 13 日，厦门市科技局正式批准设立厦门市光电信息材料与器件工程技术研究中心；9 月 17 日，成立厦门大学非硅微纳系统技术研究所，均挂靠物理与机电工程学院（现物理科学与技术学院）。

2009 年，侯亮主持的厦门市创新方法工程技术研究中心获准建设。同年 9 月，学院福建省半导体材料及应用重点实验室、福建省半导体照明工程技术研究中心顺利通过验收。学校在“211 工程”和“985 工程”建设中先后投入了大量经费，实施了“光电信息材料、器件及其应用”建设项目。在学校领导和有关部门的支持和批准下，2002 年 6 月，由康俊勇和赖虹凯牵头筹建厦门大学半导体光子学研究中心，中科院半导体所王启明院士和余金中教授指导和参与了该中心建设的全过程。该中心在原有半导体工艺研发设备的基础上，添置了金属有机物化学气相沉积（metal-organic chemical vapor deposition，MOCVD）系统、超高真空化学气相沉积（ultrahigh vacuum chemical vapor deposition，UHV-CVD）系统、分子束外延（molecular beam epitaxy，MBE）系统等材料生长的设备，同时购置了高精度光学镀膜机、诱导耦合等离子（ion coupled plasma，ICP）刻蚀机以及与光电子相关的工艺和测试等设备;建成了多种类型激光器、单色仪、电容电压检测仪、低温测试系统、X射线衍射仪、扫描探针显微镜、光致发光、霍尔效应、紫外测试等设备或系统,初步形成了半导体材料及应用开放性研究平台。在此基础上,在福建省科技厅的支持和批准下,学校于2006年11月获准筹建福建省半导体材料及应用重点实验室,2009年9月通过省科技厅组织的专家组验收。该实验室的主要研究方向为半导体材料的制备、半导体材料的理论设计、半导体材料的表征、半导体材料的应用等。

位于亦玄馆的MOCVD系统

2014年12月31日,中国科学院上海天文台和厦门大学天文学系共建的天体物理联合中心正式成立。

2015年8月18日,根据《福建省行业技术开发基地暂行管理办法》,福建省经济和信息化委员会、福建省科学技术厅、福建省教育厅、福建省财政厅经综合评估,决定组建6个技术开发基地,其中包含依托物理与机电工程学院的福建省LED照明与显示行业技术开发基地。

2015年12月,物理科学与技术学院柳清伙牵头申报的电磁波科学与探测技术高校重点实验室经学校评审,由省教育厅批复设立。

厦门大学一向是福建省光电材料和器件研究的重镇。为了进一步协同最强力量,集中最大优势,构筑海西半导体光电研究领域新高地,学院牵头联合乾照

MBE/SPM 联合系统

光电股份有限公司、福建师范大学、福建物质结构研究所三大优势资源单位，组成核心层，联合厦门三安光电股份有限公司、厦门华联电子有限公司、中国科学院半导体研究所、台湾大学、台湾交通大学等企业与科研院所，形成放射形协同网络，于 2014 年年初正式建立了半导体光电材料及其高效转换器件协同创新中心，并于 2015 年 9 月被认定为福建省协同创新中心(2011 协同创新中心)。中心从福建省经济社会发展需要出发，按照“高起点、高水准、有特色”“国家急需、世界一流”的要求，主动对接区域光电产业发展的重大需求，通过校校、校企、校地创新力量的深度融合，围绕科技创新、人才培养和学科建设 3 条主线，强化机制体制改革与产学研紧密结合两大保障，以实现中心的发展目标：①通过体制机制创新，开展多学科的协同攻关，构筑海西半导体光电材料及其高效转器件创新产学研高地，突破一批关键共性技术，形成一批优势产品，全面提升福建省在光电产业的竞争力；②围绕重大需求，以任务为导向，聚集一批光电领域高水平优秀人才，打造多支海西半导体光电材料及其高效转化器件创新团队，以解决区域产业重大问题，提升产品性能；③通过构建创新人才协同培养体系，有效集成协同单位优质教育资源，建立科研反哺教学机制，建设人才、学科、科研三位一体的创新科技体制示范基地，培养一批光电产业新锐人才，为区域光电产业关键技术提供支撑。

2015 年 12 月 21 日，依托厦门大学物理科学与技术学院的柔性功能材料重点实验室，经学院申报、学校推荐、专家评审等环节，获得认定通过。

教育部微纳光电子材料与器件工程研究中心以厦门大学半导体光子学研究中心为基础，依托厦门大学物理学一级学科博士后科研流动站、物理学一级学科博士点、微电子与固体电子学等二级工科博士点，福建省半导体照明工程技术研究中心、福建省半导体材料及应用重点实验室、厦门市光电信息材料与器件工程技术研究中心和厦门市半导体照明检测认证中心，通过“211 工程”和“985 工程”一、二期的建设，拥有 MOCVD、UHV-CVD、MBE 等半导体材料生长设备，高精度光学镀膜机、光刻键合对准机、等离子体刻蚀机等半导体器件工艺系列设备，紫外光谱测试、LED 综合测试、核磁共振谱等光电子等测试系统，已具备较完整的工程项目开发的基础设施，为中心的建设、运行提供了必要的保障。中心主要开展宽带隙微纳光电子、硅基微纳光电子等材料及器件研发，特别是半导体异质结、超晶格、量子阱、量子点等结构的相关材料及其器件的模拟设计、生长制备、特性表征以及应用开发研究。中心于 2019 年顺利通过教育部验收。中心瞄准国际微纳光电子材料与器件研究领域的热点和重点问题，结合国家光电子产业发展的需要，特别是围绕光电子产业链所遇到的科学和技术难题，发挥厦门大学的学科优势，建成微纳光电子材料与器件领域一流的多学科交叉的研发实体、高级专门人才的培养平台、我国东南沿海地区微纳光电子材料与器件新技术和新产品的研发基地、国家半导体照明产业化基地的研发中心，力争成为国家级的微纳光电子材料与器件工程研究中心。

2017 年，学院新增厦门大学九江研究院和永安石墨烯应用工程实验室。九江研究院由物理科学与技术学院和九江经济技术开发区合作共建，是依托厦门大学物理科学与技术学院及厦门大学多学科优势资源，联合九江地方科研院所与高新技术企业，围绕新能源、新材料等领域的产业技术新型协同创新平台。在江西省、厦门大学、九江市和九江经济技术开发区各级领导的关怀和支持下，研究院以习近平新时代中国特色社会主义思想为指导，以“顶天立地”和“求真务实”的精神，砥砺前行，稳步推进研究院各项工作。2019 年，九江研究院成功获批江西省首批新型研发机构。

2019 年，学院在原有半导体学科平台基础上，进一步整合学科优势资源，积极参与厦门大学国家集成电路产教融合平台项目建设，对接“第三代半导体工艺产教融合育人与研发平台”建设任务，围绕人才培养、科学研究、学科建设三位一体的建设目标，开展“第三代半导体工艺实训子平台建设”、“第三代半导体工艺研究”及“半导体产业人才培训与培养”3 个工作，不仅进一步推进学院半导体学科“双一流”建设，同时支撑海西半导体光电产业的快速发展，促进海峡西岸成为集成电路高水平人才的聚集区。

到 2019 年年底，学院拥有科技创新平台 16 个，其中部级两个——微纳光电子材料与器件教育部工程研究中心、柔性物质研究及应用创新引智基地；省级 5 个——福建省半导体光电材料及其高效转换器件协同创新中心、福建省柔性功能材料重点实验室、福建省半导体材料及其应用重点实验室、低维凝聚态物理福建省高等学校重点实验室、天体物理与天文仪器福建省高等学校重点实验室；市级 4 个——厦门市光电信息材料与器件工程技术研究中心、厦门市柔性功能材料与器件工程技术研究中心、九江市石墨烯材料及其应用重点实验室、九江市半导体光电材料及其应用工程技术中心；校级 5 个——厦门大学理论物理和天体物理研究所、厦门大学半导体光子学研究中心、中国-澳大利亚功能纳米材料联合实验室、生物仿生及软物质研究院、厦门大学九江研究院。

第九章 学科建设

近年来，在国家"211工程""985工程"重点建设支持下，学院已经逐步形成了统计物理及其交叉学科、低维凝聚态物理、半导体光电材料与器件、软物质介观结构学与应用和多信使天体物理等若干个特色或新兴学科方向；2017年1月，厦门大学进入国家"世界一流大学和一流学科建设高校及建设学科"名单，物理学科所在的"化学与物质基础学科群"入选"双一流"建设计划。

同时，学院非常重视学科队伍的建设，积极加大国内外优秀博士、研究人员引进力度，积极鼓励和支持学院教职工前往国内外知名高校、科研机构交流、访问、学习，不断为教职工提升教学、科研能力创造有利条件，进一步优化学院师资队伍整体水平。学院现有90名专任教师，其中具有高级职称的教师81人；45名工程技术人员，其中具有高级职称的15人。多位专家在国内外重要学术组织和学术期刊担任重要职务，如国务院学科评议组成员、国家基金委会评终审专家、教育部高等学校教学指导委员会委员等。优秀的师资队伍为学院的学科建设和发展打下了坚实的基础。

第一节 半导体物理

一、学科成立

1956年秋，在黄昆、谢希德等大师高瞻远瞩的倡导下，北京大学、复旦大学、厦门大学、南京大学和吉林大学(原东北人民大学)的部分优秀师生在北京大学开设了"五校联合半导体专门化"，为我国半导体事业的发展奠定了坚实的人才基础。厦门大学选派刘士毅、吴伯僖、陈金富等参与当年的开设，在指导半导体实验室建设中做出了卓越贡献，对推动我国半导体事业的发展发挥了重要的历史作用。

二、学科建设与发展

学科紧跟国家发展步伐，成功参与了国家“211 工程”、“985 工程”、“2011 计划”以及“双一流”学科建设，进一步推动学科发展。2001 年，以“光电信息材料、器件与其应用”申请了国家“211 工程”项目；2004 年，以“光电信息材料与器件”申请了国家“985 工程”建设项目；2015 年，以“半导体光电材料及其高效转换器件”申请的福建省 2011 协同创新中心获批建设；2017 年，本学科分别参加了低维凝聚态物理与半导体光电学科和化学能源学科的国家双一流建设，参与厦门大学“双一流”校级重大项目“大数据人工智能分析引擎”。在此期间，2002 年以“半导体物理与器件物理”作为第一研究方向获批物理学一级学科博士点；2006 年获批了“微电子学与固体电子学”二级学科工科博士点。

三、先进实验条件建立

在半导体学科发展初期，国家科技正处于百废待兴时期，刘士毅作为实验室主任，积极推动并组织建设了半导体实验条件，与黄永宝、吴伯僖一起于 1959 年合编出版了《半导体物理实验》，为我国半导体实验的发展做出重要贡献。

2003 年开始建设超高真空实验条件，于 2004 年完成 MBE-SPM 联合实验系统搭建；2009 年，依托国家自然科学基金科学仪器基础研究项目，搭建了“原位半导体纳米结构综合测试系统研制”，并于 2011 年完成验收，实现了纳米尺度多功能的半导体表征技术，包括双探针电学与扫描隧道显微镜表征、扫描电子显微镜以及阴极荧光测量；2013 年，同样在国家自然科学基金科学仪器基础研究项目资助下，实现了极低温强磁场（400 mK，11 T）扫描隧道显微镜搭建，同时搭建了 9 T 辅助 MBE 生长设备以及液氦回收系统。

四、学科平台

2002 年，获批建设厦门大学半导体光子学研究中心。

2005 年，获批正式成立厦门大学半导体光子学研究中心。

2006 年，获批建设福建省半导体材料及应用重点实验室、福建省半导体照明工程技术研究中心、厦门市光电信息材料与器件工程技术研究中心。

2007 年，厦门市科技局正式批准设立厦门市光电信息材料与器件工程技术研究中心，获批建设微纳光电子材料与器件教育部工程研究中心。

2009 年，福建省半导体材料及应用重点实验室、福建省半导体照明工程技术研究中心顺利通过验收。

2015 年，获批建设福建省半导体光电材料及其高效转换器件 2011 协同创新中心。

2018 年，微纳光电子材料与器件教育部工程研究中心顺利通过验收。

2019 年，教育部正式批复同意北京大学、清华大学、复旦大学、厦门大学 4 所高校承担第一批"国家集成电路产教融合创新平台"项目。物理半导体学科长期引领福建省、厦门市半导体光电产业发展，为国家集成电路产教融合创新平台的光电方向起着主要支撑作用。

2019 年，参与承担了厦门大学国家集成电路产教融合平台项目建设，主要负责"第三代半导体工艺产教融合育人与研发平台"建设任务。

第二节　理论物理

1977 年，随着全国恢复高考，本科物理学类专业教学大纲同年也随之在江苏苏州重新审定。厦门大学物理学系继 1977 年重建公共物理（现通常称为大学物理）教研室后，又成立了理论物理教研室，首任教研室主任为卢启良老师。1979 年以来，许多优秀的中青年教师加入教研室，师资队伍得到不断扩大和加强，教学水平和科研能力也得到提高，当时在岗教职工最多达到 20 人，全部为教学科研教师编制。

在教学方面，物理学系恢复了"文革"前就已有的"理论力学""电动力学""热力学与统计物理""量子力学"四大力学课的开设。1978 年秋，除"无线电物理、半导体物理、光电子学"专业招收 1978 级本科生外，还新增了物理学专业的招生，在福建省招生 35 人（包括 4 名扩招生），四年级开设"群论""量子统计""量子场论”等理论物理专业课程。教研室严子浚、余扬政、林仲金、陈传鸿、陈丽璇、周林祥、沈耀文等教师的科研方向主要包括热力学统计物理、规范场论、超对称和超引力理论、粒子物理、超晶格理论、计算机分子动力学模拟、计算物理、计算机算法等。

1983年，叶壬癸和严子浚开始招收理论物理专业硕士研究生。1986年，厦门大学理论物理专业硕士学位授予点获批。余扬政、林仲金、陈传鸿、陈丽璇等先后在理论物理专业不同方向上招收硕士研究生。

20世纪90年代初，理论物理专业获得厦门大学南强集体奖，理论物理党支部获福建省优秀党支部。陈金灿、林国星、张志鹏等青年骨干加入了研究队伍，推动理论物理专业与世界接轨。

1995年，由中国科学院理论物理研究所和厦门大学物理学系承办的第19届国际统计物理大会(STATPHYS 19)，来自全世界47个国家和地区的655位科学家参加了这次大会，如诺贝尔物理学奖获得者杨振宁博士等，其中不少是国际上著名的科学家。这次大会代表了当时国际统计物理研究的最高水平，厦门大学理论物理专业的教师在这次会议中做了大量的工作。

杨振宁(左三)在第19届国际统计物理大会上发言

2000年，厦门大学物理学博士后科研流动站获批，厦门大学理论物理专业博士学位授予点获批。

21世纪以来,国内外多名优秀学者如卢炬甫、吴晨旭、赵鸿、王矫、帅建伟等先后加入厦门大学理论物理团队。理论物理专业10多位教师先后在统计物理、现代热力学理论、复杂系统、软物质、天体物理等方向招收博士研究生,这些方向一度成为理论物理研究的特色。

2006年成立了厦门大学理论物理与天体物理研究所,首任所长为卢炬甫,副所长为赵鸿,成员包括18位老中青教师。诺贝尔物理学奖获得者大卫·格罗斯以及时任基金委数理学部常务副主任汲培文,时任天文学处处长董国轩以及郝柏林、段一士、陆埮等国内理论物理界著名专家参加了成立仪式。随后成立了以欧阳钟灿、陈建生、葛墨林、孙义燧等10余位院士组成的专家委员会,每年召开一次研究所年会。研究所的成立标志着厦门大学理论物理学科建设和人才队伍建设迈上了一个新的台阶。2016年秋,帅建伟接任所长,王矫接任副所长,研究所的科研范围进一步扩大。

2009年,由于理论物理教学团队在教学、科研领域的专注投入,特别是统计物理教学团队在全国教育系统的影响力,厦门大学理论物理学荣获福建省优秀教学团队称号。同年,学院物理学专业还被教育部评为"第四批高等学校特色专业"。

2013年,"凝聚态理论"与"计算物理"教研团队入选福建省创新团队,确立了理论物理相关领域研究团队在福建省的领头地位,在厦门大学"985"物理学科建设中发挥了核心和引领作用。

2017年,基于厦门大学理论物理交叉领域,特别是软物质交叉领域在全国的地位和特色,在基金委理论物理专款专家组的建议下,"厦门大学理论物理交叉交流平台"获得基金委批准成立。多年来该平台在促进国内理论物理交叉领域的交流,特别是在软凝聚态理论方面的学者交流方面起到了国内核心平台的作用,获得了专家组的肯定,并持续获得资助。

第三节 软物质物理

1991年,诺贝尔物理学奖获得者 Pierre Gilles de Gennes 在其颁奖典礼上以“软物质”为题进行的演讲，开启了软物质物理（也称软凝聚态物理）的新纪元。2004 年，以诺贝尔物理学奖获得者固体物理学家 P. W. Anderson 为首的 80 余位著名物理学家曾以“关联物质新领域”为题召开研讨会，将凝聚态物理分为硬物质物理与软物质物理，认为软物质（包括生物体系）面临新的问题和挑战，需要发展新的物理学。软物质物理作为物理学一门新兴的分支学科，日益受到学界的重视和关注，其研究内容广泛，涉及液晶、聚合物、双亲分子、生物膜、胶体、溶胶、表面活性剂及颗粒物质等。

厦门大学物理学科的软物质物理研究最早开始于 2001 年，吴晨旭建立的软凝聚态物理研究室成为我国最早集中开展软物质物理研究的单位之一，与中科院理论物理研究所、中科院物理所、南京大学、复旦大学等相关机构一起走在前列。吴晨旭于 2002 年获得国家杰出青年科学基金资助，软物质物理成为厦门大学物理系最早获得国家杰青资助的学科领域。在之后的几年中，与国内几家主流研究单位同行一道，致力于在基金委、中国物理学会等组织框架下推动软凝聚态物理这门新兴学科的确立、推广以及学科分类，参与了中国物理学会软物质生物物理分会的设立，以及国家自然科学基金委数理学部物理一处“十二五”“十三五”软凝聚态物理发展战略报告的撰写，为软物质物理在中国的生根发芽贡献了重要力量。

2005 年，德国籍 Holger 博士来厦门大学访学并加入软凝聚态物理研究室，后继续留校从事表面聚合物刷的研究，软物质物理从此进入了国际化模式。

2007 年，帅建伟受聘厦门大学闽江学者特聘教授，组建了计算生物学和计算医学研究组，开启了生物物理方向的研究，并且于 2011 年获得了国家杰出青年科学基金的资助。几年来活跃在国内软物质领域，积极参与国内软物质物理相关的各种学术评审规划等社会服务。他近几年拓展的大数据分析，已成为研究热门。

2013 年，厦门大学投入 3500 万元搭建的生物仿生和软物质研究院落成，这是厦门大学软物质物理学科发展的里程碑事件之一，标志着厦门大学软物质物理学科的研究从单纯理论计算模拟研究拓展到拥有了一个理论模拟加实验的完整科学平台，刘向阳作为平台的主要负责人。该平台迅速成长为国家柔性物质研究及应用学科创新引智基地（“111 计划”）（2015 年）、福建省柔性功能材料重点实验室（2015 年）、厦门市柔性导电材料与器件工程技术研究中心（2016 年）。

2013 年，陈虎加盟厦门大学物理系，启动了单分子生物物理研究组，是国内第一个开展单分子力学研究的课题组。

2015 年引进侯旭（双聘），成立了微流控的实验室。随着陈进、林友辉、吴建洋、叶美丹、许清池、黄巧玲、郭文熹、林昶旭、曹学正、张志森等优秀教师的加入，厦门大学软物质物理研究从此成为真正意义上理论加实验的跨学科平台，成为国内软物质研究的重要基地。

厦门大学软物质物理研究以软物质介观形态与性能为主轴，覆盖了从理论到实验，从基础到应用的相辅相成的三大部分：①结构与性能/宏观行为的相关性；②形态结构与形成动力学；③软物质形态构建与生物仿生。在材料方面，注重介观超分子多级网络与物性的关系，聚合物刷体系在外场下的动力学行为和非平衡态特征；在生物体方面，研究涉及细胞内质网钙通道集团化分布的稳定性。我们关注大分子、超分子形成的介观结构形态与多尺度相互作用，特别是形成动力学和界面过程动力学；通过调制结构相互作用与形态形成动力学，实现对特定介观网络结构的调控，以实现对性能的再造。生物仿生是我们实现功能化的重要手段之一。

软物质物理十多年来深耕于软物质理论、实验与应用研究，团队从无到有，逐步壮大，完成了一系列国家、省部级重点科技项目和美国国立卫生研究院（National Institutes of Health，NIH）基金等科研课题。这些系列研究课题的开展，使得该学科在软物质介观尺度的研究方法、研究设备、研究对象等方面有了很好的研究基础和积累，形成了一支活跃的研究群体，也是一个以中青年为骨干的研究梯队，除了具有强有力的学术带头人，一批极具发展潜质的年轻教师作为后备力量正快速成长。除了在如 *Nature Comm.*，*Phys. Rev. Lett.*，*Chem. Soc. Rev.*，*Acc. Chem. Res.*、*J. Am. Chem. Soc.*、*Angew. Chem.*，*Adv. Mat.*，*Adv. Func. Mat.*等高水平的期刊上发表论文，也出版多部专著。在国内，由欧阳钟灿院士主导，刘向阳主编，帅建伟、吴晨旭等骨干成员参与的，陆续由科技出版社出版的《软物质系列丛书》(30 卷)，作者群体集合了全球华人软物质物理领域研究的精英，成为目前国内最系统和完整的软物质物理专业的系列参考丛书，将极大推动国内软物质物理学科的发展；基于国内外软物质与交叉学科的发展，由刘向阳、俞书宏主编，在 *Small* 杂志出版了“软物质与界面专刊”为主题的两期特刊；吴晨旭翻译的英文畅销书《软物质物理》(Masao Doi 编著）于 2020 年由科技出版社出版。

厦门大学软物质物理积极开展学术交流，每年一次的厦门软物质论坛已经成为国内软物质学术活动的重要事件，也吸引了国际上许多软物质领域著名专家参与。除此之外，还多次举办介观软材料理论及其运用前沿暑期讲习班（2016年）、全国软物质与生命物质物理大会（2017年）等多种重要学术活动。由于厦门大学物理系在软物质交叉学科方面为国内同行积极提供各种学术交流机会，2017年开始，厦门大学理论物理交叉交流平台正式获得国家自然科学基金委理论物理专款立项，成为国内软物质物理交流的重镇。

厦门大学软物质物理学科是中国物理学会秋季年会软物质生物物理分会的发起人和召集人单位，先后主导了中国大百科全书软物质、生物物理词条的审定，国家自然科学基金委数理学部物理一处基金申请软凝聚态物理关键词的审定，是《中国科学发展战略报告》软凝聚态物理分册的主编单位，2019年 *Chinese Physics* 软物质特刊的组稿协调单位。

厦门大学软物质物理学科通过国际化学术交流活动，探索研究生培养的国际化模式。国家留学基金管理委员会公布了2019年"创新型人才国际合作培养项目"评审结果，生物仿生与软物质研究院和新加坡南洋理工大学合作的"柔性物质研究与应用国际化研究领军人才培养项目"获批立项。创新型人才国际合作培养项目是国家留学基金委2014年起设立的一项人才培养国际合作项目，每年由国家留学基金委统一组织和遴选，其目标是结合国家"双一流"建设战略需求，培养国家急需紧缺的创新型、复合国际化人才。项目申报要求国外合作单位须为世界一流院校、科研院所、实验室，或在双方合作学科领域具有较强的优势互补，要求合作双方在人才培养方面具有创新理念和创新的模式，在合作模式、课程设计等方面深入开展教育综合改革。

第四节 天文学

一、研究方向

天文学系研究方向广泛，几乎涵盖天体物理和宇宙学各个领域，优势研究领域包括高能天体物理、星系形成和演化、大尺度结构、恒星形成与演化、系外行星等方面。具体来说，在星系周介质与星系的重子物质循环、黑洞吸积和喷流理论、黑洞双星、活动星系核及其反馈、爆发天体、中子星物理、中微子天文学、系外行星、射电天文、暗物质及其探测等方面有较好的基础和积累。天文学系还参与了国内外诸多大型设备的立项、建设和运行，如中国空间站光学红外望远镜、三十米光学红外望远镜（TMT）、增强型 X 射线时变与偏振空间天文台（enhanced X-ray timing and polarimetry mission，eXTP）、宇宙热重子探寻计划（Hot Universe Baryon Surveyor，HUBS）等。

二、培养体系

天文学系具备从本科到博士研究生的完整培养体系。2013 年起，招收四年制天文学一级学科本科生，2018 年，专业入选校级“拔尖计划 2.0”；2016 年起，招收天体物理与宇宙学专业硕士和博士研究生；2019 年起，招收天文学一级学科硕士研究生。此外，与意大利高等研究院签署博士研究生联合培养协议。

三、平台建设

2014 年，天文学系与中国科学院国家天文台签署共建协议，设立实习基地。

2014 年，天文学系与中国科学院上海天文台签署共建协议，成立“中国科学院上海天文台-厦门大学天体物理联合中心”，并设立实习基地。

2016 年，天文学系获批福建省高校天体物理与天文仪器重点实验室。

2017 年，天文学系加入厦门大学“双一流”化学与物质科学学科群，设立“多信使天体物理”方向。

2019 年，天文学系以会员单位身份加入中国天文学会。

2019 年，天文学系加入空间引力波探测太极联盟。

2019 年，天文学系与中国科学院上海天文台签订新一轮共建和深化合作协议。

2019 年，天文学系与贵州师范大学签署协议，共建“贵州师范大学-厦门大学中国天眼天体物理联合中心”。

2020 年，厦门大学天文台项目通过验收（天文台建在翔安校区内）。

第十章 学术交流情况

改革开放以来，国际形势和国内政策环境发生重大变化，科学技术发展迎来了春天，高校的学术交流活动遍地开花，国内外学术交流日渐频繁，物理学系的对外学术交流活动也热络起来。从物理学系到物理科学与技术学院，先后承办了一系列重要的学术会议，邀请了众多国内外著名专家学者来校讲学交流。同时积极与国外著名高校、研究机构等开展合作，联合培养学生，还积极为本院教师出国交流访问创造有利条件……通过加强学术交流，扩大了学院的学术影响力，提高了学院的国际化水平。这些学术交流活动中，比较重要的有：

1980 年 11 月 22—29 日，物理学系主持召开第二届全国发光学术会议。

1984 年，物理学系承办全国引力与相对论天体物理学术讨论会。

1985 年，物理学系承办全国半导体学术会议。

至 1986 年，物理学系已向美国、日本、加拿大和欧洲派出留学生、访问学者 20 余名，短期考察访问的教师 10 多名，而且每年接待到系访问讲学的国外学者，同国外有关大学和研究单位保持一定的学术联系，这对物理学系的教学和研究工作起了良好的推动作用。

由于厦门大学物理学系的学术环境良好，国际纯粹与应用物理学联合会(International Union of Pure and Applied Physics, IUPAP)主办的、中国科学院理论物理研究所和厦门大学物理学系承办的第 19 届国际统计物理大会(STATPHYS 19)于 1995 年 7 月 31 日到 8 月 4 日在厦门大学举行。来自全世界 47 个国家和地区的 655 位科学家参加了这次大会，其中不少是国际著名的科学家，如杨振宁博士等。大会共安排特邀报告 10 个、分会邀请报告 36 个、口头报告 168 个、张贴报告 500 篇。这次大会代表了当前国际统计物理研究的最高水平。这次大规模国际学术会议对厦门大学、厦门市乃至福建省来说都是第一次，同时这也是该类会议第二次在亚洲国家举办(第一次在日本)，厦门大学物理学系被载入国际统计物理会议史册。

第 19 届国际统计物理大会在厦门大学建南大会堂开幕，C3 委员会主席 Eduard Brezin 发言

2000 年 12 月 13 日，由中国物理学会同步辐射专业委员会主办，厦门大学物理与机电工程学院、中国科技大学和中国科学院高能物理研究所承办的第一届全国同步辐射软 X 射线和真空紫外技术与应用学术研讨会在厦门大学召开。

2001 年 4 月 1 日至 5 日，物理学系承办第五届海峡两岸光电子学术研讨会。

2001 年 5 月 14 日，由学院物理学系和中科院上海技术物理研究所联合承办的全国第二届光电子物理与应用前沿问题研讨会召开。

2001 年 5 月，学院承办第一届全国同步辐射软 X 射线和真空紫外技术与应用学术会议。

2001 年 7 月 22 日至 8 月 4 日，学校受教育部与国家自然科学基金委员会数理科学部和国家自然科学基金“理论物理专款”学术领导小组委托，学院承办了理论生物物理与生物信息学研究生暑期学校。

2002 年 7 月 22 日至 24 日，学院承办环太平洋传感器和微纳技术国际学术会议。

2002 年 10 月 13 日至 18 日，学院承办全国仪器仪表学科战略发展研讨会、“十五”电气信息类基础课程立体化教材建设研讨会。

2004 年 6 月 26 日至 30 日，学院承办“第 22 届国际统计物理大会厦门卫星会”以及“第四届海峡两岸生物学启发的理论问题研讨会”。

2005 年 11 月 2 日至 4 日，学院承办第八届中美前沿科学研讨会。

2006 年 8 月，学院协办第十三届全国凝聚态物质光学性质学术会议。

2007 年 5 月 25 日至 26 日，学院承办第三届中国-新加坡物理前沿科学研讨会。

2007 年 11 月 11 日至 13 日，学院承办国家 973 计划“面向性能材料集成设计的科学基础问题”项目及第一次“材料研究学会计算材料学会分会年会”。

2007 年 12 月 9 日至 12 日，学院承办第二届国际晶体硅太阳能电池科学与技术研讨会。

2007 年 12 月 20 日至 23 日，学院承办中国-澳大利亚功能纳米材料与界面论坛。

2009 年，学院与中科院共同举办了 2009 中国统计物理厦门研讨会。

2010 年 10 月 28 日至 11 月 4 日，学院举办第 27 届全国中学生物理竞赛决赛。

2012 年 10 月 20 日至 24 日，学院承办第四届海峡两岸磁共振学术会议。

2012 年 10 月 23 日至 26 日，学院承办第十七届全国波谱学学术会议。

2012 年 12 月 5 日至 10 日，学院承办第三届海峡两岸天文物理学术研讨会。

2012 年 12 月 21 日至 23 日，学院承办国家重大科学研究计划纳米专项项目年度总结及研讨会。

2013 年 9 月 13 日至 15 日，学院承办中国物理学会（CPS）2013 秋季学术会议。

2015 年 10 月 23 日，学院承办第十次“鼓岭科学会议”。

2016 年 10 月 24 日至 25 日，学院承办软物质厦门国际论坛。

2016 年 12 月 16 日至 18 日，学院承办半导体光电材料及其高效转换器件协同创新中心 2016 年度论坛。

2017 年 3 月 25 日，学院承办第十届全国软物质与生命物质物理学术会议。

中国物理学会(CPS)2013 秋季学术会议

2017 年 5 月 19 日,学院承办第十三届“彭桓武理论物理论坛”。

2017 年 11 月 2 日,学院承办软物质厦门国际论坛。

2019 年 5 月,学院承办第二届中国大学生物理学术竞赛(华东地区)。

2019 年 10 月 20 日至 23 日,学院承办第九届量子能源国际研讨会。

2019 年 10 月 25 日至 28 日,学院承办第三届青年科技创新论坛新一代电子信息材料技术分论坛会议。

2019 年 11 月 1 日至 3 日,学院承办第六届厦门软物质国际论坛。

2019 年 11 月 3 日至 6 日,学院承办“三十米望远镜科学论坛”国际会议。

2020 年 8 月 4 日至 7 日, 学院协办第十六届全国 MOCVD 学术会议。

2020 年 8 月 25 日至 27 日, 学院承办光电探测与成像技术及应用研讨会。

2020 年 12 月 10 日至 13 日,学院承办第十三届京广厦天体物理研讨会会议。

第四部分
教学成就

第十一章 专业与课程设置

厦门大学物理学系建系之初，课程设置如下：第一学年有"国文""英文""初等微积""普通化学及定性分析""普通生物学""普通物理学"；第二学年有"英文""德文"(或"法文")、"普通化学"、"力学"、"高等微积"、"热学"；第三学年有"德文"(或"法文")、"党义"、"电学及磁学"、"热力学"及选修课；第四学年有"声学""光学""物性""论文"。选修课包括 13 门："近世物理学"(3 学分)、"应用电学"(4 学分)、"光之电磁学说及电摆动"(4 学分)、"物质构造"(3 学分)、"电力学与电子论"(6 学分)、"高等力学"(6 学分)、"实业物理"(10 学分)、"相对论"(2 学分)、"热之传导"(3 学分)、"摄影学"(3 学分)、"无线电学"(3 学分)、"量度精确论"(1 学分)、"物理讨论"(4 学分)，其中多数课程由教授及副教授授课。

1926 年，厦门大学广纳贤士，许多教师来系任教。所有新聘与原聘的著名教授，无一例外均开设 2 至 4 门课程，其中一些课程深受学生欢迎。时任物理学系主任田渊添开设有"应用力学""土木工程学"，李英标开设有"机电工程学"。

理学院时期，对学生修习学分做了要求。理学院学则规定：本理学院学生应修满 141 学分始得毕业，入学第一年编为一年级生，修满 36 学分编为二年级生，修满 72 学分编为三年级生，修满 108 学分编为四年级生。

1940 年以来，理工科的基础课程——"微积分"、"普通物理学"、"普通化学"和"普通生物学"，分别由萨本栋、谢玉铭、傅鹰和陈子英担任。

厦门大学改归国立后，十分重视学制问题，至 1940 学年度，基本建立起严密的学制。其主要内容：第一，学制四年，凡学完 4 学年并修满应修学分者，授予毕业证书及学士学位。第二，按照各系不同情况，规定毕业须修满的学分数，最高为法律学系，学生须修满 153 学分方得毕业；以下依次为机电工程系，147 学分；土木工程系，142 学分；教育系、政治系，134 学分；中文、历史、数理、化学、生物、经济、会计、银行 8 系，均为 132 学分。第三，学分标准：学生上课及课外预备时间，每星期平均需 3 小时学程，每学期以 1 学分计算。

在推行院系局部调整时期，数理学系仅设有物理学专业，1952 年院系大规模调整后，数理系分设专业组，设数学专业和物理专业，厦门大学恢复成立了物理学系。当时主要开设的专业课程有“普通物理”“理论力学”“热力学及统计物理”“电动力学”“量子力学”。

1952 年到 1958 年，教学仪器和科研仪器迅速增加，根据教学大纲，充实了普通物理实验室，继而开设了“普通物理实验”“中级物理实验”(1981 年改称“近代物理实验”)等实验课程，这些课程都由教学经验丰富的教授或副教授担任。此外，开设的其他课程有“普通化学”“制图学”“机械学基础”“工艺学”等。

1958 年，刘士毅和吴伯僖牵头正式在物理学系建立半导体物理专业并招生，厦门大学成为最早设立半导体物理专业的 5 所高校之一。

1958 年起，根据上级有关管理权力下放的规定和“教育大革命”深入发展的要求，学校对现行的体制、机构进行调整，对一些系、专业做适当的变动。在理科下设 4 系，数学系、物理学系、化学系和生物系，物理学系分物理学专业和新开设的海洋物理专业，物理学专业下设无线电物理专门化、电真空物理专门化、半导体物理专门化、原子核物理专门化。

1959 年开办无线电物理专业。

1970 年海洋物理学专业并入海洋系，1971 年成立光电子物理专业，全系共设半导体物理、无线电物理和光电子物理 3 个专业。

1980 年，开设理论物理专业(1959 年成立理论物理专门化，并于 1962 年有该专门化的第一届毕业生)，招收本科生。

1985 年，按照学校发展需要，无线电物理专业中的无线电电子技术方向分出物理学系，发展成立电子工程系，隶属于技术科学学院。

1986 年开始，物理学系开设并承担全校“普通物理”及在学本科“普通物理实验”公共课程的教学工作。

至 1997 年，“文革”前开设的综合性大学物理学系的本科必修课都已逐步恢复，并且得到充实与提高。相比“文革”前还多开设了“计算机算法语言”“计算机原理”等现代新科技基础课，此外还开设了大量的本科专业选修课：“相对论”“固体物理”“发光物理”“发光材料”“半导体器件物理”“基本粒子物理”“有限时间热力学”“激光物理”“磁共振谱学”“固体光电性质”“信息光学”“激光光谱学”“信息论”“集成电路”“电视原理”“网络与系统分析”“固体光散射”“配位场理论”“磁共振技术”“科技专业英语”等。

相继开设的研究生学位课程有“群论”“高等量子力学”“量子统计”“量子场论”“固体理论”“高等光学”“傅立叶光学”“光学全息与信息处理”“激光物理”“导光物理”“量子电子学”“数值计算方法”“信息数学”“光神经网络”“激光光谱学”“稀土光纤与应用”“非线性光学”“液晶光电子学”“现代实验方法”“半导体光电性质”“发光物理”“实用光谱学”“数值方法与计算物理”“低维材料电子性质”“半导体传感器原理和技术”“CAD 技术”“电子 CAD 技术”，基础实验课（包括“基础物理实验”和“近代物理实验”）及专业实验课也得到很大的充实与提高。

到 1997 年年底，全系共设半导体物理（下分发光物理及半导体物理两个专门化）、理论物理、光电子物理和无线电物理 4 个专业，基础物理、普通物理、近代物理实验、理论物理、发光物理、半导体物理、光电子物理和无线电物理 8 个教研室。

2000 年 12 月，“凝聚态物理与信息光电子材料”及“微机械系统与微机电系统”被列为福建省重点学科。

1999 年 6 月，物理与机电工程学院成立，下设物理学系、机电工程系和“萨本栋微机电研究中心”。其中物理学系和机电工程系承担了学院 6 个专业的本科教学任务。物理学系共有物理学（含师范类）、电子信息科学与技术、微电子学 3 个本科专业；机电工程系共有 3 个本科专业，即机械类的机械设计制造及其自动化专业、仪器仪表类的测控技术与仪器专业、航空类的飞行器动力工程专业。

物理学专业设半导体物理和光电子学两个方向，培养具有良好的数理基础，能在物理或相关科学技术领域中从事科研、教学、科技开发和管理工作的专门人才。主要课程有“高等数学”“大学计算机”“普通物理”“普通物理实验”“近代物理实验”“数学物理方法”“理论力学”“电动力学”“量子力学”“热力学统计物理”“固体物理”“电子线路及实验”“微机原理及应用”“微机实验”“半导体物理”“半导体材料”“半导体器件物理”“激光原理与器件”“激光技术”“激光实验”“光纤通信原理与技术”“专门化实验”等必修课，还开设“物理学史”“天体物理概论”“计算物理导论”“纳米科学前沿”“单片机原理与应用”“数字电视原理与实验”等选修课。

物理学师范类主要培养具有良好的数理基础、教育理论和教育方法，从事中学物理教育及相关领域的专门人才。主要课程除了物理学专业该修的大部分课程外，还开设“教育学原理”“心理学”“物理教学论”“高等教育学”“课程与教学论”等课程。

微电子学专业培养掌握微电子学专业所必需的基本理论、专业知识及实验技能，毕业后可以在微电子学及相关领域从事科研、教学、科技开发和管理等工作。主要课程有“高等数学”“普通物理”“大学计算机”“数学物理方法”“电磁场理论”“量子力学”“模拟电子线路及实验”“数字电子线路及实验”“微机原理与应用”“固体物理”“半导体物理”“半导体器件物理”“集成电路原理与设计”“集成电路 CAD”“微电子学专业实验”“半导体材料”“微电子制造科学原理”等必修课及实验课，还开设“物理学史”“天体物理概论”“计算物理导论”“微机电系统原理与设计”“纳米科学前沿”“单片机原理与应用”“数字电视原理与实验”等选修课。

电子信息科学与技术专业分无线电电子学和信息电子技术两个方向，培养在无线电电子学、信息电子技术、计算机科学与技术及相关领域从事科研、教学、科技开发、产品设计或管理工作的专门人才。主要课程有“高等数学”“普通物理”“大学计算机”“数学物理方法”“电磁场理论”“量子力学”“模拟电子线路及实验”“数字电子线路及实验”“微机原理与应用”“信号与系统”“微波原理”“微波实验”“射频电路设计”“单片机原理与应用”“高频电路”“数字电视原理与实验”“电波与天线”“信息与通讯理论”“数字信号处理”“概率统计与随机过程”“数字图像处理”“MatLab 及其在电子信息中的应用”“信息与通讯理论”“单片机原理与应用”“DSP 处理器应用及实验”“微弱信号检测导论”等课程与实验。

测控技术与仪器专业培养具备测量与控制方面的基础知识，具有精密机械、电子学、计算机技术、自动控制、信息处理等多学科交叉知识结构和应用技能，能够在国民经济各部门从事测量与控制领域研究开发、设计制造、应用研究、营销管理等方面的高级工程技术人才，侧重于工程光学、光电子技术、光电检测与信息处理、光通信技术、传感技术、计算机控制、测控技术与系统、智能仪器等。

机械设计制造及其自动化专业培养具备机电一体化基础知识与应用能力，应用机械、电子、传感、测试和计算机技术，从事国民经济各部门所必需的机电设备及其自动化技术的设计制造、科技开发、应用研究、运行管理和经营销售等方面的高级工程技术人才，侧重于了解先进设计与制造的基本理论，掌握先进设计与制造的基本方法和技术，强调机械、电子、计算机、测控技术的紧密结合，掌握机电一体化系统相关的理论与技术，具有机电一体化系统与产品的开发设计、改造及使用的基本能力。机械设计制造及其自动化专业培养适应社会主义现代化建设和市场经济需求的，德智体全面发展的，获得机电工程师基本训练的高级工程技术人才。

飞行器动力工程专业培养适应现代民航需求的飞机工程和发动机工程的高级工程技术人才。按照国际通行的航空工程师的基本要求，既重视必要的基础理论教学，又注重专业技能的训练，并尽量拓宽与航空有关的知识面。毕业生除学习高等院校机械类的一些基本课程外，还要掌握民用飞机结构、飞机系统、飞机电气、飞机仪表和飞机发动机的工作原理，掌握与飞机、发动机有关的损伤机理、性能检测、故障诊断与排除、维修方法等方面的基本知识，并具备航空专业所要求的英语水平。毕业生能在航空领域从事设计、研究、生产、维修和技术管理等方面工作。

到 2015 年年底，面向全校理工各系开设普通物理实验的综合性、设计性实验独立设课 27 个，面向本系开设的普通物理力热学独立设课实验 20 个，面向本系开设的普通物理电磁学实验独立设课 21 个，面向本系开设的普通物理光学独立设课实验 21 个。

为了践行教育部“基础学科拔尖学生培养试验计划”，探索拔尖人才培养的新机制，启动创新性本科教学的实践，在课程体系、教学内容、教学方法和手段、考核评价方式等方面进行全面改革，同时实现因材施教和个性化培养，扩大学生自主学习的空间，提高学生培养的国际化程度。学院从 2011 年起开始试点创新性教学试验班的培养模式，启动厦门大学“物理学科拔尖学生培养试验计划”（简称“物理拔尖计划”），每年动态选拔优秀学生，配备一流的师资、提供一流的学习条件、创造一流的学术环境与氛围、创新培养方式、构筑物理学科基础科学拔尖人才培养的专门通道，促进拔尖人才脱颖而出，努力使受计划支持的学生成长为物理学及相关基础科学领域的领军人物，并逐步跻身国际一流科学家队伍。

“物理拔尖计划”开设学科前沿课程有“物理学前沿研讨”“凝聚态物理前沿”“基础物理与交叉学科前沿”“半导体光电前沿”“量子力学前沿研讨”“创新物理实验”“半导体材料科学技术前沿讲座”等。

物理科学与技术学院成立后，对本科生培养方案进行修订和更新，朝着更加科学的培养模式迈进。

物理学专业本科人才培养目标主要是为从事物理学及相关前沿问题研究和教学的专业人才打下基础,同时也培养能够将物理学应用于现代高新技术和社会各领域的复合应用型人才。经过物理学本科阶段专业学习和训练,学生应具备良好的科学精神、科学素养、科学作风和创新意识;具备在物理学及相关学科进一步深造的基础,或满足教学、科研、科技开发及管理等方面工作的要求。学院按照“宽口径、厚基础、跨学科、国际化、强实践、求创新”的人才培养总体要求,全面提升学生综合素养,培养具有强烈使命感、全球视野和创新精神,基础扎实,能力突出,德智体美劳全面发展的社会主义建设者和接班人。本专业学生在学期间必须修满教学计划规定的160学分方能毕业。

本专业各类课程具体要求如下,包括:①公共基本课程,必修13门课程,33学分。②通识教育课程,14学分(必修3门课4学分,本专业外其他课程选修10学分)。③学科通修课程,必修23门课,78学分。④专业方向课程,至少选修22学分。⑤其他教学环节:必修13学分,包括军事训练、电子设计与工艺实训。⑥生产实习、毕业论文、创新创业训练。学院全面开放修读本研一体化课程,加强本研课程学习的有效衔接,拓展学生知识面。

天文学专业本科生培养目标为,培养适应我国社会主义现代化建设实际需要,德智体全面发展,具有宽厚的理论基础,能在天文或相关科学技术领域从事科研、教学、科技开发和管理工作的专门人才。为从事天文学及相关学科前沿问题研究和教学的专业人才打下基础,同时也培养能够将天文学应用于现代高新技术和社会各领域的复合应用型人才。经过天文学本科阶段的专业学习和训练,学生应具备在天文学及相关学科进一步深造的基础,具有良好的科学精神、科学素养、科学作风和创新意识;具备一定的独立获取知识的能力、实践能力、研究能力或新技术开发能力。天文学专业学生在学期间必须修满教学计划规定的144学分方能毕业。

本专业各类课程具体要求如下,包括:①公共基本课程,必修16门课程,33学分。②通识教育课程,14学分(必修3门课4学分,本专业外其他课程选修10学分)。③学科通修课程,必修21门课,76学分。④专业方向课程,至少选修12学分。⑤其他教学环节:必修10学分,包括军事训练、电子设计与工艺实训、生产实习、毕业论文、创新实践。

第十二章　教学成果

第一节　精品课程

2003 年，物理学系“半导体器件物理”获校精品课程建设。

2004 年，机电系“机械工程”“微机原理与接口技术”获校精品课程建设。

2006 年，物理学系“数学物理方法”获校精品课程建设。

2006 年，物理学系“普通物理学”获省级精品课程立项。

2007 年，物理学系“大学物理实验”获省级精品课程立项。

2008 年，物理学系“理论力学”获省级精品课程立项。

2010 年，物理学系“热力学与统计物理学”获国家级精品课程建设。

2013 年，物理学系“热力学与统计物理学”获国家级精品资源共享课建设。

2020 年，物理学系“热力学统计物理”获国家级一流本科课程建设。

第二节　教学比赛

2014 年，物理学系周先荣获首届“高等教育杯”全国高等学校物理基础课程青年教师讲课比赛福建赛区二等奖。

2016 年，物理学系卢仙聪获第二届“高等教育杯”全国高等学校物理基础课程青年教师讲课比赛福建赛区一等奖，华东赛区二等奖。

2017 年 7 月，物理学系陈婷获第三届“高等教育杯”全国高等学校物理基础课程青年教师讲课比赛福建赛区二等奖。

2018 年 5 月,物理学系黄巍在第四届“高等教育杯”全国高等学校物理基础课程青年教师讲课比赛福建赛区和华东赛区中均获一等奖。8 月,获国家级三等奖。

2019 年,物理学系张纯淼获第四届“高等教育杯”全国高等学校物理基础课程青年教师讲课比赛福建赛区一等奖,华东赛区二等奖。

第三节　教学改革项目

1992—1994 年,参加国家教委“八五”规划教学研究项目“计算机辅助大学物理教学系列软件”中的“数学物理方法”中的“保角变换”和“δ 函数 ”子项目的研究。项目负责人:骆万发。

2001 年,“基础物理教学中加强素质教育和培养创新意识的研究与实践”获新世纪高等教育教学改革项目,项目负责人:于杨丽。

2004 年,“化学生物各专业物理学课程体系和教学内容改革”获国家级教学改革项目结项。

2004 年,“普通物理学”获福建省精品课程建设项目,负责人:苏国珍。

2008—2012 年,参加“十五”国家级重点课题“我国高等教育优质教学资源的发展战略”中的子课题“建设高等教育强国中提高高校基础物理课程教学质量的探索与实践”中的“高等教育强国背景下提高高校基础物理课程教学质量的理念与思想的探索与实践”项目。项目负责人:骆万发(正式立项名单中排第六)。

2015 年,“基于现代创新教学理念的物理学类本科教育培养模式及课程体系改革研究”获批福建省教学改革项目,项目负责人:蔡伟伟。

2016 年,“物理学类课程的英语教学与教学国际化改革”获批福建省教学改革项目,项目负责人:吴晨旭。

2016 年,“热力学与统计物理课程资源建设与共享”获 2016 年教育部高等学校物理学类专业教学指导委员会教学改革项目,项目负责人:苏国珍。

2017 年,“基于课题库的创新能力渐进式引导与培养物理”获批福建省教学改革项目,项目负责人:吴顺情。

2018 年,“竞赛引导的创新能力综训设计”获批福建省教学改革项目,项目负责人:陈婷。

2020 年,“基于物理在线竞赛实践以无边界课堂理念构建科学素养培养新模式”获批福建省教学改革项目,项目负责人:吴顺情。

2020 年,“Ⅱ-Ⅵ族半导体外延及其探测器制作虚拟仿真实验”获批 2020 年福建省虚拟仿真实验教学一流课程,项目负责人:吴志明。

2020 年,“新形势下‘三位一体’物理创新实验教学体系建设”获批教育部高等学校大学物理课程教学指导委员会教学改革研究项目,项目负责人:吴志明。

第四节　教学成果奖

1989 年,物理学系陈金富“固体物理教材教法研究”获福建省优秀教学成果一等奖。

1993 年,物理学系陈丽璇、严子浚、陈金灿、林国星“坚持教学研究,提高教学质量”获国家级优秀教学成果二等奖,同年,该项目获得福建省优秀教学成果一等奖。

1993 年,物理学系陈金富“理科教学研究与固体物理教材建设”获福建省优秀教学成果一等奖。

1998 年,物理学系骆万发的《基础物理教育现代化在于创新》评为福建省物理学会优秀教学论文。

2001 年,物理学系骆万发、李明、林云松、李书平、陈谋智“计算机多媒体近代物理实验建设课件”获福建省计算机多媒体物理教学研究成果一等奖。机电工程系林麒、吴榕、林辉、许克平、许茹“采用与国际接轨的新模式培养航空维修高等工程人才”获福建省高等教育优秀教学成果二等奖。

2002 年,物理学系骆万发、郭碧福、赖志南“法拉第效应原理与应用之网上教学”获第四届全国计算机多媒体物理教学成果三等奖。

2004 年,物理学系周海光等“光、机、电一体化 CAD/CAM”获第五届全国计算机多媒体与网络物理教学成果一等奖。

2005 年,物理学系骆万发等“物理网络预习实验教学”获第五届全国多媒体课件大赛高教组优秀奖。机电工程系洪永强、林育兹、黄元庆、郭隐彪、朱立秒“测控专业人才培养模式的创新与实践”获福建省高等教育教学成果二等奖。

2009 年，郭祥群、施芝元、夏海平、陈小麟、郑爱榕、吴正云、薛成龙、朱亚先、张洪奎、沈明山、骆万发、苏国珍、蔡加法、王辅明“跨学科本研一体化理科实践教学体系的建设与实践”获福建省第六届高等教育教学成果一等奖。

2014 年，物理学系陈金灿、苏国珍、李书平、林国星“教学教研科研融一体，‘热统’课程建设创特色”获福建省第七届高等教育教学成果二等奖。机电工程系胡天林、祝青园、席文明、李继芳、林春“基于项目驱动的工程创新实践教学”获福建省第七届高等教育教学成果二等奖。航空系吴了泥、郭立军、梁栋、吴榕、林麒、林辉、熊光明“无人机科创平台建设”获福建省第七届高等教育教学成果二等奖。

2016 年，苏国珍“热力学与统计物理课程资源建设与共享”获福建省教学成果奖。

第五节　优秀教学团队

2009 年，福建省教学团队——理论物理学教学团队。

2018 年，福建省教学团队——物理系宽禁带半导体导师团队。

2018 年，福建省本科教学团队——物理创新创业实践教学团队（D 类实验教学型）。

第十三章　教材建设

高等学校教材是体现教学内容和教学方法的知识载体，是开展教学工作的基本工具，是培养人才的重要保证，也是提高教学质量的基础性工作。厦门大学物理教育肇始于1923年，据不完全统计，截至物理与机电工程学院成立前，物理系共出版教材13部，到目前，学院教材出版总数超过50部。

院/系历年教材出版情况汇总表

教材名称	作　者	出版社	出版时间
半导体物理实验	刘士毅、黄永宝、吴伯僖	人民教育出版社	1958年
半导体器件工艺原理	张声豪、连世阳等	人民教育出版社	1977年
大学物理实验指南（力热、电磁、光学分册）	苏登记	厦门大学出版社	1988年
狭义相对论入门	叶壬癸	厦门大学出版社	1988年
激光原理与器件	周世昌	厦门大学出版社	1989年
分析力学原理与方法	刘焕堂	厦门大学出版社	1989年
光波导原理	石守勇	高等教育出版社	1989年
光纤通信导论	石守勇	厦门大学出版社	1990年
普通物理实验教程	吴瑞忠	厦门大学出版社	1995年
半导体光电性质	沈顗华、朱文章	厦门大学出版社	1995年
广义相对论入门	叶壬癸	厦门大学出版社	1996年
理论力学原理与方法（牛顿力学部分）	刘焕堂	厦门大学出版社	1997年
大学物理实验	李文裕等	厦门大学出版社	1998年
物理学中的几何方法	余扬政、冯承天	高等教育出版社	1998年
机械工程测量与实验技术	黄长艺	机械工业出版社	1999年

续表

教材名称	作　者	出版社	出版时间
单片机原理与应用	陈文芗	机械工业出版社	2001 年
工程控制理论	胡国清、刘文艳	机械工业出版社	2004 年
电工电子学	林育兹	电子工业出版社	2004 年
数字电子技术	林育兹、陈文芗、郭光真	科学出版社	2004 年
飞机性能工程	黄太平	科学出版社	2005 年
电工学实验	林育兹	教育部	2006 年
电工学实践教学的创新(教材)	林育兹、李继芳、鲍平、李延福	高等教育出版社	2006 年
电工技术	林育兹、程翔、李继芳	科学出版社	2006 年
物理网络预习实验教学(电子资源)	骆万发、黄炳生	北京盛世畅想教育科技有限公司、高等教育出版社	2007 年
变频器应用案例	林育兹	高等教育出版社	2007 年
电子技术实验教程	刘舜奎	厦门大学出版社	2008 年
现代传感技术	黄元庆	教育部	2008 年
现代传感技术	黄元庆、万瑾、颜黄苹	机械工业出版社	2009 年
机械工程测量与实验技术	黄长艺	机械工业出版社	2009 年
机械工程测量与实验技术	黄长艺、卢文祥、熊诗波	机械工业出版社	2009 年
微机原理与接口技术	洪永强、颜黄苹、王毅菊	科学出版社	2009 年
热力学与统计物理学：热点问题思考与探索	陈金灿、苏国珍	科学出版社	2010 年
大学物理实验	骆万发、黄钟英	厦门大学出版社	2010 年
电工实验	林育兹、李纪芳、李延福	高等出版社	2010 年
大学物理实验(第二册)	骆万发、吴志明	厦门大学出版社	2011 年
Bioinspiration：from Nano to Micro Scales	Liu Xiang Yang	Springer	2012 年

续表

教材名称	作　者	出版社	出版时间
大学物理实验(第一册)【第二版】	骆万发、黄钟英	厦门大学出版社	2013 年
Soft Fibrillar Materials: Fabrication and Applications	Liu Xiang Yang、Li Jing Liang	Viley-VCH	2013 年
稀土掺杂铌酸锂单晶的光谱特性	孙亮、李艾华、代丽、王藩侯	科学出版社	2013 年
机械工程实践与训练	姚斌、曾景华、张金辉、路晓东等	清华大学出版社	2014 年
基于 QFD 方法的机电产品方案评价方法研究	穆瑞、张宇锋	上海交通大学出版社	2015 年
光学(航空航天精品系列)	郑植仁、吴文智、李艾华	哈尔滨工业大学	2015 年
Improvements on Scientific-Journal-Paper Writing Skills	施天谟、吴晨旭、张宇锋	厦门大学出版社	2016 年
Nanomaterials for Sustainable Energy	Quan Li、Meidan Ye、Zhiqun Lin 等	Springer	2016 年
固态电化学	杨勇、朱梓忠	化学工业出版社	2017 年
Hydrogen Production Technologies	Mehmet Sankir、Nurdan Demirci Sankir、Mengye Wang、Meidan Ye Zhiqun Lin 等	Scrivener Publishing LLC (USA)	2017 年
大学物理实验(第二册)【第二版】	骆万发、吴志明	厦门大学出版社	2018 年
1 小时科普量子力学	朱梓忠	清华大学出版社	2018 年
大学物理实验(第一册)(第三版)	骆万发、黄钟英	厦门大学出版社	2018 年
大学物理实验(第二册)	骆万发、吴志明	厦门大学出版社	2018 年
Multifunctional Photocatalytic Materials for Energy	Zhiqun Lin、Meidan Ye 、Mengye Wang	Elsevier (UK)	2018 年
Counter Electrodes for Dye-Sensitized and Perovskite Solar Cells	Yun、Sining Hagfeldt、Anders	Wiley-VCH	2018

第十四章　学生实训与人才培养基地建设

实习实践是学生培养的重要环节。学院历来非常重视建立产学研结合、校企合作机制，建立起适应学院相关专业学生成长的大型综合实习基地，使之成为相关专业学生实训中心、职业技能培训中心和科技成果开发推广中心，加快培养培训企业急需紧缺人才，实现学生毕业和就业岗位零距离，促进学院与企业之间的良性互动和共同发展。

物理与机电工程学院期间，机电工程系校内外教学实践活动包括各种实习（金工实习、认知实习、生产实习、毕业实习等）、课程实验、课程设计、毕业设计，以及开展各种科技、文化、卫生三下乡等活动。通过这些不同形式的校内外实习，在校内理论学习的基础上，学生可以深化知识，接触实际，增加感性认识，有利于培养理论联系实际的工作作风和分析问题、解决问题的实际能力，增强社会责任感。校外的实践活动还包括到校外有关产学研实习基地进行认知实习、生产实习、毕业实习，实习基地包括厦门本地的有关高校、研究所和厦门仪表厂、厦工、厦轴、厦门太古飞机维修公司等企业，上海分析仪器厂、大华仪表厂、上海大众、广州五羊本田摩托车厂、福州实达集团等。其中飞机工程专业方向前往固定的实习基地——厦门太古飞机维修公司。

物理学系于2005年与厦门华侨电子股份有限公司和夏新电子股份有限公司正式签订了生产实习基地协议，与厦门一中、厦门双十中学、厦门六中、厦门外国语中学、集美中学签订了教育实习基地协议；机电系与上海天文台、厦门太古公司等单位签订了生产实习的协议。通过实习基地的建设，学生的实践教学环境得到了改善，获得良好效果。

光电相关专业，每年都有不同数量的学生到厦门华联电子有限公司、厦门友达光电有限公司、冠捷显示科技（厦门）有限公司等企业实训或实习。与厦门华联电子有限公司、厦门乾球光电科技有限公司、福建省艾而丹光电科技有限公司等企业合作共建光电工程教学实习基地、大学生校外实践教育基地等。特别是厦门华联电子有限公司，在大学生实习，合作指导本科生、研究生，联合培养博士后，共同承担科研项目等方面都取得了较好效果。

近年来，学院还成立了福建省光电工程大学生校外实践教育基地。基地合作单位包括厦门华联电子有限公司、厦门乾球光电科技有限公司、福建省艾而丹光电科技有限公司等。本基地每年根据光电相关专业的特点，提供不同类型与数量的实习岗位给厦门大学光电相关专业的学生实习。近几年主要针对厦门大学物理系、电子科学系大学三年级的学生开展实习，实习时间主要安排在暑假8月份(8月1—31日)进行。

2009年，学院成功获批两个福建省研究生教育创新基地(全校共4个)，分别为“福建省物理学研究生教育创新基地”和“福建省机械电子工程研究生教育创新基地”。7月6日，机电工程训练中心与嘉庚学院共同组建“厦门大学-厦门大学嘉庚学院实训中心”，并获批“福建省高等学校省级实验教学示范中心”。

2013年，学院与厦门工程机械股份有限公司合作建立校外实习基地——厦门机械工程实习基地，实现了实习功能的延伸和扩展，为厦门大学创新型研究人才“零距离”培养探索出新思路。

2015年，物理与机电工程学院校级大学生校外实践教育基地建设项目包括中航工业成都凯天电子股份有限公司、中国科学院上海天文台、厦门华联电子有限公司、厦门元顺微电子技术有限公司、福建省艾而丹光电科技有限公司。

2016年，物理科学与技术学院更名以来，物理学系主要实习基地有厦华股份有限公司、厦新电子股份有限公司、华联电子有限公司、厦门宏发电声有限公司、厦门灿坤实业股份公司、厦门建松电器有限公司、厦门南方科波高技术联合公司、厦门同安银城股份公司、厦门卫星通信地球站、厦门协成电器总公司等。天文学系主要实习实践基地包括上海天文台、厦门气象台等；主要实习实践基地设在中国科学院各天文台，主要包括国家天文台、上海天文台、云南天文台等。

2020年，新增两个校级实践基地：厦门大学-象屿股份有限公司校外实践教育基地(世界500强)、厦门大学-厦门钨业股份有限公司校外实践教育基地(中国500强)。

第十五章　学院/教工所获荣誉

1977年，刘士毅被评为福建省劳动模范。

1991年，陈金灿荣获福建省科学技术协会青年科技奖。

1992—1996年，吴伯僖担任国务院学位委员会物理学与天文学学科评议组成员。

1993年，郭东辉等获福建省首届青年科技成果博览会“金杯奖”。

1993年，黄美纯、严子浚获全国光华科技基金三等奖。

1993年，柯三黄获福建省科学技术协会青年科技奖。

1994年，林秀华获第八届全国发明展览会金奖。

1996年，黄文达获第三届福建运盛青年科技奖。

1997—2003年，黄美纯担任国务院学位委员会物理学与天文学学科评议组成员。

1998年，陈金灿入选教育部跨世纪优秀人才培养计划。

1998年，陈金灿获“福建省优秀教师”称号。

1998年，缪炎刚获第四届福建青年科技奖。

1999年，黄文达获国家自然科学奖二等奖。

2000年，康俊勇入选教育部优秀青年教师资助计划。

2001年，林国星获“厦门市优秀教师”荣誉称号。

2001年，陈金灿入选教育部新世纪优秀人才支持计划。

2002年，陈金灿获评第五批福建省优秀专家。

2002年，陈忠获第六届福建青年科技奖。

2002年，吴晨旭获国家杰出青年科学基金项目资助。

2003年，卢炬甫获“福建省劳动模范”称号。

2003年，吴晨旭获霍英东教育基金会第九届高校青年教师基金项目资助。

2003—2013 年，陈金灿担任国务院学位委员会物理学与天文学学科评议组成员。

2004 年，陈忠入选教育部新世纪优秀人才支持计划。

2004 年，康俊勇获“厦门市优秀教师”荣誉称号。

2005 年，蔡淑惠入选教育部新世纪优秀人才支持计划。

2005 年，吴晨旭、张保平获评闽江学者特聘教授。

2006 年，帅建伟获评闽江学者特聘教授。

2006 年，顾为民、郭东辉入选教育部新世纪优秀人才支持计划。

2006 年，孙志军、文玉华、吴启辉、张建寰入选福建省高校新世纪优秀人才支持计划。

2006 年，蔡淑惠获第八届福建青年科技奖。

2006 年，赖虹凯获“福建省高校优秀党务工作者”荣誉称号。

2006 年，林立伟获评长江学者讲座教授。

2007 年，郭航、周先荣、李成入选教育部新世纪优秀人才支持计划。

2007 年，陈立杰、侯亮入选福建省高校新世纪优秀人才支持计划。

2007 年，洪永强获“厦门市优秀教师”荣誉称号。

2007 年，蔡淑惠获第十四届福建运盛青年科技奖。

2007 年，陈金灿获福建省 2006 年度科学技术奖三等奖。

2007 年，周海光获福建省 2007 年度科技进步三等奖。

2007 年，陈忠、郑金成获评闽江学者特聘教授。

2007 年，吴晨旭获福建省新长征突击手称号。

2007 年，侯亮、陈立杰入选福建省高校新世纪优秀人才支持计划。

2008 年，孙志军入选教育部新世纪优秀人才支持计划。

2008 年，郭隐彪被确定为福建省 2008 年新世纪百千万人才工程省级人选。

2008 年，陈金灿被评为厦门市劳动模范。

2009 年，赵鸿获国家杰出青年科学基金项目资助。

2009 年，王惠琼、曾志伟入选教育部新世纪优秀人才支持计划。

2009 年，柳清伙获评闽江学者讲座教授。

2009 年，康俊勇获评厦门大学特聘教授。

2010 年，王矫、王瑞方、赵鸿、郭隐彪获评闽江学者特聘教授。

2010 年,吴晨旭荣获“福建省优秀教师”荣誉称号。

2010 年,张秀丽荣获“福建省教科文卫体工会宣传信息工作先进个人”称号。

2010 年,蔡淑惠获“福建省三八红旗手”荣誉称号。

2010 年,洪永强获厦门市 2009 年度科技进步一等奖、厦门市科技创新杰出人才奖。

2011 年,洪永强获福建省 2010 年度科技进步三等奖。

2011 年,学院办公室获得“厦门市巾帼文明岗”荣誉称号。

2011 年,帅建伟获国家杰出青年科学基金项目资助。

2011 年,方志来、彭云峰入选福建省高校新世纪优秀人才支持计划。

2012 年,蔡伟伟荣获教育部首批青年拔尖人才支持计划。

2012 年,冯江华、蔡端俊入选福建省高校新世纪优秀人才支持计划。

2012 年,顾为民获国家优秀青年科学基金资助。

2013 年,周海光获福建省 2012 年度科技进步二等奖。2014 年,学院部门工会喜获“福建省教科文卫体系统先进工会”。

2015 年,学院办公室获得“福建省巾帼文明岗”荣誉称号。

2015 年,方陶陶获国家杰出青年科学基金项目资助。

2015 年,王俊峰获国家优秀青年科学基金资助。

2017 年,蔡伟伟获第十四届福建青年科技奖。

2017 年,蔡伟伟获宝钢优秀教师奖。

2018 年,方陶陶入选第三批国家“万人计划”科技创新领军人才。

2018 年,方陶陶获卢嘉锡优秀导师奖。

2018 年,康俊勇获宝钢优秀教师奖。

2018 年,康俊勇荣获“福建省先进工作者”称号。

2018 年,刘彤获国家优秀青年科学基金资助。

2019 年,陈理想在中国物理学会 2019 秋季学术会议上获“萨本栋应用物理奖”。

2019 年,蔡伟伟被科睿唯安评为“全球高被引科学家”。

2019 年,康俊勇获 2019 年度厦门市科技创新杰出人才奖。

2019 年,康俊勇团队获厦门市科技进步一等奖、福建省科技进步一等奖。

2019年，刘彤获卢嘉锡优秀导师奖，以及美国天文学会和IOP出版公司联合授予的中国高被引用作者奖。

2019年，顾为民获国家杰出青年科学基金项目资助。

2019年，蔡伟伟、顾为民入选第四批国家“万人计划”科技创新领军人才。

2020年，吴雅苹获国家优秀青年科学基金资助。

此外，在学院教师中，卢炬甫曾任全国政协委员，吴伯僖、黄启圣曾任福建省政协委员，陈传鸿曾任福建省政协委员、厦门市人大代表，刘守曾任厦门市政协委员。

第十六章　学生获奖情况

2000 年 11 月，物理系刘守教授指导的先锋创业小组项目“计算机光莫尔防伪技术应用”在上海交通大学举行的第二届“挑战杯”中国大学生创业计划竞赛决赛中，获得银奖。

2005 年 5 月，翁斌斌等同学的科技发明制作《制备高效率氮化镓(CaN)蓝光发光管》获得第七届“挑战杯”福建省大学生课外学术科技作品竞赛二等奖。

2005 年 11 月，梁广等同学的《环保型半导体温差电源》获得第九届“挑战杯”全国大学生课外学术科技作品竞赛三等奖。

2006 年，欧聪杰(博士研究生)荣获“福建省高校优秀共产党员”荣誉称号。

2008 年 11 月，陈忠指导的团队在“挑战杯”大学生创业计划大赛中获国家金奖。

2013 年 2 月，李灵至(本科)获得北美数学建模赛一等奖，李星雨(本科)获得北美数学建模赛二等奖。

2013 年 7 月，李灵至(本科)获得“电机工程杯”建模比赛全国二等奖。

2013 年 9 月，本科生潘石、李星雨、李灵至获得“高教杯”建模比赛福建省一等奖。

2013 年 10 月，本科生肖瑶、李星雨获得“电工杯”大学生数学建模比赛全国二等奖。

2013 年 10 月，本科生魏闻、程前等组成的 RSC 机器人队获得 2013 中国机器人大赛 RoboCup 公开赛一等奖(冠军)。

2014 年 5 月，刘为为(本科)获得第五届全国大学生数学竞赛福建赛区二等奖。

2014 年 8 月，由我院和信息学院学生(本科)组成的南强至臻队、南强至胜队和南强至知队在第九届“飞思卡尔”全国智能汽车竞赛全国总决赛中均获得一等奖，创历年最好成绩。

2014 年 8 月，宋启迪（本科）获“创青春”福建省大学生创业大赛一等奖。

2014 年 9 月，本科生杨牡丹、刘为为获“高教社杯”全国大学生数学建模竞赛国家二等奖。

2014 年 9 月，本科生靳馥华、张华、林园升、侯萱影获得全国大学生数学建模竞赛福建省赛区本科组一等奖。

2014 年 9 月，本科生郭艳梅、朱柄键获得全国大学生数学建模竞赛福建省赛区本科组二等奖。

2014 年 10 月，本科生刘为为获第六届全国大学生数学竞赛决赛二等奖。

2014 年 12 月，由林春、胡天林、李继芳老师担任指导教练的项目团队（本科）在第六届 IEEEIRHOCS 国际机器人实作竞赛中获得第四名。

2015 年 6 月，学院航模队（本科）获中国国际飞行器设计挑战赛一等奖。

2015 年 7 月，学院机器人队（本科）获中国机器人大赛暨 RoboCup 公开赛团队一等奖。

2015 年 8 月，本科生苏光旭、余永义、江丙炎、沈培鑫、王斌获第六届中国大学生物理学术竞赛（CUPT）三等奖，余永义获最佳评论方奖。

2015 年 8 月，学院智能车团队（本科）获中国大学生“飞思卡尔杯”智能汽车竞赛团队全国一等奖。

2016 年 6 月，物理系张宇锋指导的团队（本科）在第十届福建省大学生机械创新竞赛中获一等奖。

2016 年 7 月，本科生徐立桐等在全国大学生机器人大赛东部赛区获三等奖。

2016 年 7 月，本科生王康等在中国机器人大赛篮球机器人仿真组获三等奖，在中国机器人大赛篮球机器人实体组获一等奖。

2016 年 8 月，本科生程方君、杨恒、毕铭阳、贾启鲲、陈喜文、高一睿 6 人获第七届中国大学生物理学术竞赛（CUPT）一等奖，杨恒获最佳选手奖。

2016 年 8 月，在“华为杯”第十一届研究生电子设计竞赛中，学院的瑞达科技队（硕士研究生）“城市地下空洞雷达探测系统”获得商业计划书专项赛一等奖；青春之光队（硕士研究生）“智能多路 LED 寿命加速在线测试系统”获得技术竞赛二等奖；我校也被授予了“全国研究生电子设计竞赛优秀组织奖”。

2016 年 9 月，本科生贾启鲲获全国大学生机器人竞赛三等奖。

2016 年，本科生纪晓晖、吴福伦等在“高教社杯”全国大学生数学建模竞赛福建赛区获一等奖，徐立桐等在第八届全国大学生数学竞赛福建赛区获二等奖。

2016 年 9 月，在全国数学建模大赛中，本科生陈艺云等 19 人获省级一等奖，本科生段雅楠等两人获国家级二等奖，本科生赵金贵等 3 人获国家级三等奖。

2016 年 11 月，在“创青春”全国大学生创业大赛中，电子科学系 2014 级硕士研究生梁添、电子科学系 2013 级本科生黄家铭等人的“厦门桑德科技有限公司”获得全国金奖；电子科学系 2013 级本科生林苡同学的“厦门云境智能科技有限公司”获得全国银奖。

2016 年 12 月，本科生林苡、蔡臣静在第三届中国志愿服务项目总决赛中获全国金奖。

2017 年 1 月，在北美数学建模大赛中，本科生郑奇等 12 人荣获二等奖，本科生李鸣等获二等奖。

2017 年 4 月，在福建省挑战杯大学生课外学术科技作品大赛中，本科生方一奇、王济国等 3 人获特等奖，本科生朱凌峰获一等奖，硕士研究生肖菁菁、肖瑶和本科生杜楷、肖琮等以作品《智能多路 LED 寿命加速在线测试系统》获一等奖。

2017 年 5 月，本科生谢旭鹏在第十六届全国机器人大赛 RoboCon 赛事中获一等奖。

2017 年 6 月，物理学系本科生方一奇、王济国在第十三届“挑战杯”福建省大学生课外学术作品竞赛中获特等奖，朱凌锋获一等奖，陈理想获优秀指导教师称号。

2017 年 7 月，本科生李鸣获“台达杯”工业自动化挑战赛一等奖。

2017 年 7 月，本科生梅圳等获第十二届全国大学生“恩智浦”杯智能汽车竞赛，华南赛区电磁普通组一等奖。

2017 年 7 月，本科生林苡、林华鑫、周施涛、卓佳璇、叶纪元、贾晨茜、刘峥等在第四届（中国）海峡两岸新能源产业创新创业大赛中以作品《智能健康 LED 照明系统》获二等奖。

2017 年 8 月，本科生王康、杨弘靖、朱进江、王少杰、彭傲然、吴桐 6 人获第八届中国大学生物理学术竞赛（CUPT）一等奖。

2017 年 8 月，本科生李鸣、齐琦、毕硕雪在全国大学生电子设计大赛中获一等奖。

2017 年 8 月，在第十六届全国大学生机器人大赛 ROBOMASTER 机甲大师赛全国总决赛中，本科生文卓豪等获三等奖，高一睿获三等奖。

2017 年 9 月，在“高教社杯”全国大学生数学建模竞赛福建赛区中，本科生王济国、陈焕卿、陆玉硕、吴福伦、沈舒婷、林诗妍、梅圳、陆玉硕、曹声根等获一等奖，本科生邵锴、梁云帆、郭欢等获二等奖。

2017 年，2014 级本科生刘贤一获宝钢优秀学生奖。

2017 年 11 月，第十五届“挑战杯”全国大学生课外学术科技作品竞赛中，由陈理想指导，学院 2013 级本科生方一奇、2015 级本科生王济国负责的作品《基于全息光刻技术的亚微米尺度下分数光涡旋的跟踪和定位》获得全国三等奖。

2017 年 12 月，物理系本科生贺小敏、柴佳琦等获第四届中国青年志愿服务项目大赛示范项目奖。

2018 年 4 月，在北美数学建模大赛中，本科生彭傲然、赵新知、董浩获国际二等奖，李鸣等获国际二等奖。

2018 年 6 月，硕士研究生许子颉、李腾、李伟锋、李戌一等获“创青春”福建省大学生创业大赛金奖。

2018 年 8 月，物理科学与技术学院物理系 2017 级本科生陈威韬、电子科学与技术学院 2016 级赵通，物理科学与技术学院物理系 2017 级本科生张之禾、彭亮滔、何昕浩、杨开森、魏宇航 7 人获第九届中国大学生物理学术竞赛（CUPT）一等奖。

2018 年 8 月，在福建省“互联网＋”大学生创新创业大赛中，本科生许子颉、李腾和硕士研究生李伟锋、李戌一等获金奖，本科生管言泽等获银奖。

2018 年 9 月，物理系 2016 级本科生彭傲然、丁可，天文系 2016 级本科生荆韬 3 人获“高教社杯”全国大学生数学建模大赛一等奖。

2018 年 9 月，本科生黄要然、程星、艾皓获福建省电子设计大赛三等奖。

2018 年 10 月，物理系蔡端俊团队（硕士研究生）《新型超薄透明柔性自供电可穿戴电池》在第十三届中国研究生电子设计大赛中获国家级三等奖。

2018 年 10 月，由博士生许子颉担任负责人，硕士研究生许子颉、李腾、李伟锋、李戌一和本科生刘子敬、缪雯娜等 11 人同学参与的项目“派恩杰：柔性电子科技先行者”,获第四届中国“互联网+”大学生创新创业大赛全国金奖。

2018 年 10 月,物理系王惠琼指导的团队(马校本科)在第四届中国“互联网+”大学生创新创业大赛国际赛道中获银奖。

2018 年 11 月,由博士生许子颉担任负责人,硕士研究生李腾、李伟锋、李戌一等同学参与的项目“派恩杰:柔性电子科技先行者”,获 2018 年“创青春”全国大学生创业大赛全国金奖。

2018 年 12 月,博士研究生许子颉团队获 2018 年创客中国柔性制造创新创业大赛一等奖。

2019 年 4 月,在美国数学模型竞赛中,本科生何桢暄获 H 奖(二等奖),陆一铭、黄要然、艾皓、陈浩南获 S 奖。

2019 年 5 月,2018 级本科生宋英铭在全国大学生英语竞赛中获三等奖。

2019 年 5 月,本科生苗朕海等获福建省第四届智能汽车竞赛三等奖。

2019 年 5 月,2018 级本科生麦硕、张嘉林、瞿惠敏、李源、吴光银、谢承炎、周阳烁 7 人获全国大学生物理学术竞赛华东赛一等奖,王颢琛、余涵、庄新宇、侯鑫、真庄诚、周新怡、王梓鉴 7 人获二等奖。

2019 年 6 月,本科生李恒康在 ROBOMASTER 机甲大师赛中获三等奖。

2019 年 7 月,硕士研究生郑翔天在第三届全国大学生集成电路创新创业大赛华南分赛区获二等奖。

2019 年 8 月,本科生王颢琛、麦硕、余涵、李源、吴光银、瞿惠敏、张嘉林获全国大学生物理学术竞赛(CUPT)国赛二等奖。

2019 年 8 月,本科生苗朕海等在第十四届“恩智浦”杯全国大学生智能汽车竞赛中获一等奖。

2019 年 8 月,硕士研究生吴俊慷担任负责人的“南强紫芯:紫外探测科技领跑者”项目团队获福建省“互联网+”大学生创新创业大赛银奖,本科生林秋雅担任负责人的“全息视界:AR 与全息光学元件的先行者”项目团队获铜奖。

2019 年 8 月,硕士研究生付钊、吴俊慷、陈家栋、王君、王跃锦、赵阳、黄煌、刘国振在“华为杯”第二届中国研究生创“芯”大赛中获三等奖。

2019 年 8 月,硕士研究生杨剑娟、平雅君、王君、刘国振、王跃锦、王亚平、赵阳获“兆易创新杯”第十四届中国研究生电子设计竞赛二等奖,郑翔天获三等奖。

2019 年 8 月,硕士研究生郑翔天在第三届全国大学生集成电路创新创业大赛中获一等奖。

2019 年 8 月，硕士研究生付钊在 2019 江西省创客中国中获优秀奖。

2019 年 8 月，硕士研究生吴俊慷获第九届全国大学生电子商务"创新、创意及创业"挑战赛一等奖。

2019 年 8 月，硕士研究生吴俊慷获"网龙杯"第五届福建省"互联网＋"大学生创新创业大赛二等奖，本科生林秋雅获三等奖。

2019 年 8 月，硕士研究生刘国振、王跃锦、王君、王亚平、卢诗强、赵阳在第五届全国大学生节能减排社会实践与科技竞赛中获一等奖。

2019 年 9 月，本科生彭亮滔、陈威韬、贡予越、黎玉林、吴泽鹏、付星宇在全国大学生数学建模大赛福建赛区获一等奖，王梓健、张之禾、翁昕扬、苗朕海、王丹、陈雨箭、赵新知获二等奖。

2019 年 9 月，硕士研究生惠文杰获第六届福建省青年创新创业大赛优秀奖。

2019 年 10 月，硕士研究生惠文杰在 The 1st China－Malaysia Youth Innovation and Entrepreneurship Competition 中获一等奖。

2019 年 11 月，硕士研究生惠文杰在第五届全国移动互联创新大赛中获一等奖，杨剑娟、平雅君获三等奖。

2019 年，硕士研究生杨剑娟、平雅君在研究生人工智能创新大赛中获一等奖。

2020 年 4 月，本科生陈思静、高逸超、刘佳欣、张杜萌获美国大学生数学建模竞赛 M 奖(一等奖)。

2020 年 4 月，本科生黄晨龙、杜光正获美国大学生数学建模竞赛 H 奖(二等奖)。

2020 年 4 月，本科生王颢琛、高天予获美国大学生数学建模竞赛 S 奖。

2020 年 6 月，本科生杜光正、柯泓鸣、苏伟朋、黄楠、赖伟航、李玥祺、江宇阳获第三届华东地区中国大学生物理学术竞赛(CUPT)二等奖。

2020 年 9 月，本科生袁振斌获 2020 年"高教社杯"全国大学生数学建模竞赛国家级一等奖。

2020 年 9 月，本科生杨佩、陈泽灵、雷文涛、张芷馨、黄晨龙、张纪煊、张峻川、宋英铭、谢承炎、林新乔、王颢琛、邓展望、赵书宁、高逸超、瞿惠敏、刘佳欣获

2020 年全国大学生数学建模竞赛福建赛区一等奖。

2020 年 9 月，本科生陈思静、吴奇龙、郑晟、凌振杰、周阳烁、吴光银、吴鹭妤获 2020 年全国大学生数学建模竞赛福建赛区二等奖。

2020 年 10 月，本科生张子溦、李玥祺、江宇阳、徐艺轩、梁朝越，柯泓鸣、黄楠获第十一届中国大学生物理学术竞赛(CUPT)国赛一等奖。

2020 年 11 月，本科生黄晨龙、金泽宇、方成贯、郑晟获第十二届全国大学生数学竞赛福建赛区一等奖。

2020 年 11 月，本科生谭啸环、赵润泽获第十二届全国大学生数学竞赛福建赛区二等奖

2020 年 11 月，本科生叶耿楠、刘蔚中获第十二届全国大学生数学竞赛福建赛区三等奖。

2020 年 11 月，本科生李旻晟获全国大学生英语竞赛初赛三等奖。

2020 年 12 月，本科生真庄铖、张杜萌、李源、周新怡、陈思静、胡琪玥、傅丽诗、柳国庆、李易寰、冼靖桓、谭啸环、陈子煜、陈梓麒、赖伟航、陈雨诗获 2020 年全国大学生物理实验竞赛国家级一等奖。

2020 年 12 月，本科生张晨昊、陈雨诗、徐凡、李旭彤、赖麒鸿获 2020 年全国大学生物理实验竞赛国家级二等奖。

2020 年 12 月，本科生宗泽昊、吴桂香、郭相廷、莫颜冰、李海英获 2020 年全国大学生物理实验竞赛国家级三等奖。

第五部分 学术成就

第十七章　代表性科研团队及学术成果

中华人民共和国成立前，物理学系办学规模较小，主要以本科人才培养为主。解放后，尤其是1956年开始半导体学科全国五校联盟联合攻关，物理学系驶入了发展快车道，特别是1978年改革开放以来，各个学科蓬勃发展，许多教师在半导体学科领域卓有建树。2006年和2016年物理系分别召开了半导体学科建立50周年和60周年庆祝大会，并分别出版了《自强不息之路》和《笃行南强路》。

学院现有的研究方向涉及物理学、天文学的多个领域，其中一些研究课题涉及国内外研究前沿，取得的成果居于国内前列地位，在凝聚态物理、半导体超晶格的电子态理论、神经网络理论与应用、有限时间热力学和激光全息技术的应用与开发等领域取得一大批令人瞩目的成就。

第一节　半导体研究

物理学系半导体学科自1956年创办以来，曾经创造过许多国内第一，如全国第一台晶体管收音机，第一个GaP红色、绿色、黄色的平面发光二极管(LED)，第一台平板示波器，第一本《半导体物理实验》教科书。许多厦大半导体人长期在这微观世界里遨游、信步。

发光物理实验室成立于20世纪50年代末，是直属高校中唯一从事发光学方面科研、显示技术开发并设置该专业招收本、硕、博的单位，是国内最早开展固体发光学研究的机构之一。

在五校举办半导体专门化联合教学后，刘士毅和他带领的专业团队，在物理学系建立了从材料制备到研制晶体管的有关工艺流程和半导体专业的实验项目。1966 年前，承担多项研究半导体的国家任务，主要研究半导体重要性质：少数载流子扩散长度和寿命，建立了表面光伏的研究平台等。

1955 年开始的固体发光研究，在吴伯僖带领下，自力更生、艰苦创业，在发光基础理论研究上多有建树，先后开辟了发光物理过程、半导体发光光谱、半导体电子态、半导体材料物理和器件工艺 5 个研究方向。20 世纪 50 年代，在吴伯僖指导下，刘瑞堂率先在国内烧制出场致发光 ZnS 粉末材料并研制成导电玻璃，1956 年首创 ZnS 发光盒以及测量方法的设计，建立一整套研究Ⅱ～Ⅵ族化合物半导体光电性质的测试装置，有的沿用至今，有力地促进了早期我国场致发光的研究。陈远容、王筑声等对 ZnS 场致发光中滞后和极化现象进行理论分析，1963—1964 年分析了引入第三电极改变场空间分布对发光的影响，提出三电极在场致发光器件中可能起的作用。1965 年，以吴伯僖为负责人，洪良基、沈顗华、颜炳章、刘瑞堂、陈振湘等研究团队研制出场致发光数码管并以此作显示的“晶体管数字式计数器”，具有抗震、大视角、低功耗和全固体化的特点，被教育部和四机部列入重大科研成果多次在全国科研展览会上展出。20 世纪 70 年代初，许克平、陈坚令、陈振湘、马应森等研制成的“场致发光(EL)数码通讯终端机”“场致发光平板示波器”“场致发光雷达模拟显示器”都属于全国首创。

黄启圣曾任全国发光学会理事，早年从事红外光电物理研究，20 世纪 80 年代起从事半导体化合物及混晶中深能级杂质缺陷研究，在辐射缺陷、DX 中心、铁族杂质深能级研究方面取得显著成果。曾到瑞典隆德大学进行学术访问研究，1984 年出席在瑞典召开的欧洲凝聚态物理学术会议。郑健生早年从事光电导研究，在Ⅲ～Ⅴ族半导体发光特性测量及束缚态激子机制的研究获得重要成果，曾到美国威斯康星大学进行学术访问研究，其发表的论文《半导体发光器件光学参数的测量》获 1983 年福建省科技成果二等奖和 1985 年国家教委科技进步二等奖。黄美纯曾担任全国发光学会理事，在半导体化合物及其合金的电子结构、过渡金属氮化物和碳化物的能带结构和超导性等方面的研究取得明显成果，曾到美国西北大学进行学术访问研究，并出席 1985 年在维也纳召开的第八届国际过渡元素固体化合物学术会，1986 年在上海召开的中日凝聚态理论和统计物理会议上做论文报告。

随着信息科学技术的发展，物理学系于 20 世纪 70 年代初就开始对Ⅲ～Ⅴ族化合物半导体及其混晶的基本性质进行研究，1973 年以江炳熙为首的 LED

研究小组成员周必忠、陈远容、林秀华、陈朝等在国内首先提出溶液生长法(SG法)并研制出一批低位错密度、质量好的片状 GaP 单晶并掺入 ZnO 或 N 等电子陷阱杂质,分别制成红、绿、黄发光二极管。黄美纯等致力 GaAlAs 三元混晶液相外延工艺的改进以及对光学、电学电子能谱等一系列研究成果显著,荣获福建省高校成果二等奖。20 世纪 70 年代后,以黄启圣为首建立了深能级研究实验室,针对 GaAsPGaAlAs 三元混晶中的 Fe 杂质,DX 中心开展多种研究得到混晶诱导晶格弛豫的证据,发现混晶诱导的载流子空间分离效应并提出 DX 中心的混晶无序模型。首次发现由于 Fe 中心形成反键态致使光学测量与热学测量的激活能不同,这在文献上尚未报道,它对分析深能级测量结果有普遍意义。20 世纪 80 年代初,周必忠的(中缺陷及其成因的探讨)研究论文硕果累累,荣获 1984 年福建省科技成果三等奖。

Ⅲ～Ⅴ族宽禁带半导体束缚机制的研究也是物理系活跃的一个研究领域。多年来,郑健生的实验和理论进一步证实了 GaP 中束缚激子的机制是 H-TL 模型的束缚机制及其裸电子态的存在。从 GaP 晶体 PL 光谱分析阐明,电子-声子的耦合因子——黄昆因子是不随温度变化的,这与黄昆早期提出的多声子光跃迁理论是一致的。

1995—1996 年,物理系开始筹建的 MOCVD 项目,是半导体微结构材料研制的关键,该项目也被厦门大学列入“211”建设名单(全校共 8 个),对物理学系的发展具有重大意义。

2003 年与三安光电、华联、通士达等著名光电企业联合建立了我国首个半导体照明产业化基地(厦门),成为半导体照明产业链中重要一环,促进半导体照明产业向福建省其他地区快速辐射,加快福建省照明产业从节能灯到 LED 的升级换代。

2004 年,与福日科光、三安光电等 LED 企业联合攻关,开发出当时国内最高发光效率的蓝光 LED、大功率蓝光 LED 芯片。

2006 年,与厦门信息港发展股份有限公司共建了半导体光子学公共技术服务平台,开创了平台型项目得到“6・18”资金扶持的先河。

2009 年,与乾照光电联合攻关的“高性能高亮度 InGaAlP 四元系红黄光 LED 外延片、芯片研制与生产”获厦门市科技进步三等奖,提升了高效多结太阳能电池的效率,并已应用于我国卫星、神舟飞船及嫦娥探月工程等。

2011 年，建立“国家半导体发光器件(LED)应用产品质量监督检测中心”，提升半导体 LED 器件技术服务水平，进一步密切与企业的合作，提高产品竞争力。2011 年，首次研发出低成本纯固态量子同轴线太阳能电池，相关技术入选全球 12 大太阳能光伏电池新技术。

2017 年，与乾照光电、华联电子、光莆电子联合攻关的“多场调控化合物量子结构关键技术及其固态光源应用”获厦门市科学技术进步一等奖，“多场调控化合物半导体量子结构关键技术及其固态光源应用”获福建省科学技术进步一等奖，项目产品超高光效白光固态光源已产业化，其技术指标处于国际领先水平。

依托学校“211 工程”、“985 工程”、“双一流”建设，在许多教师的不懈努力下，学院半导体领域的研发条件和能力有了质的提升，许多以前无法承担的科研课题现在都得以解决。

第二节　激光全息技术研究

我国激光全息技术的飞速发展始于 20 世纪 80 年代中期。20 世纪 80 年代末 90 年代初，刘守在导师徐大熊院士的指导下，完成了“激光模压全息技术及其应用”项目，使其在“无油墨印刷包装材料”“防伪标识”等领域得到广泛应用，《科技日报》等媒体进行了率先报道。

1992 年，刘守受聘母校厦门大学物理系，担任副研究员，并牵头组建具有国内一流水平的激光全息实验室，先后提出了一系列突破性的新技术和方法，如“加密码全息防伪标识的研制”“闪耀彩虹全息术”“光莫尔技术在防伪中的应用”等，其中，他为冠华公司和中国食品工业协会研制的国家名优酒加密防伪标识全息图，以其高超优异的设计和质量获得 1993 年国际全息包装印刷会议防伪标识全息图优秀设计和研制金奖，也是该次会议唯一的金奖，为国家争得荣誉。之后，他又与张向苏副研究员合作，将光电领域中的莫尔技术与激光模压全息技术相结合，研制出计算机光莫尔防伪标识，填补了国内空白，其技术含量高，极难仿制，市场前景广阔。

在光全息技术及应用方面的研究领域也不断拓展，其研究方向主要包括全息微型透镜、全息显示技术、全息防伪技术、全息光子晶体技术、全息光学元件等。到目前为止已经在国内外权威期刊发表论文130余篇,参与《实用全息摄影术》的编著,获得专利项目33项。

刘守团队用了近10年才成功研制出激光全息瞄准器,其间获得8项发明专利。自2014年起开始大批量生产并装备部队,获得指战员高度评价。

多年来,刘守的付出得到了国家和社会的认可,其科研成果先后获得福建省科学成果奖三等奖、青岛市科学技术进步奖一等奖、山东省科学技术进步奖二等奖、厦门市科学技术进步奖二等奖、福建省科学技术进步奖三等奖、国家教委科学技术进步奖三等奖、厦门市科学技术进步奖二等奖、教育部科学技术进步奖二等奖、福建省科学技术进步奖二等奖、1993年国际最佳防伪全息图奖、第九届全国发明展览会银牌奖、1996年北京国际发明展览会银牌奖、第十届全国发明展览会银牌奖、厦门市第一届优秀发明革新一等奖、1998年世界华人发明博览会铜牌奖、厦门大学南强奖等荣誉,"彩虹全息新技术及其应用"被定为"九五"国家科技成果重点推广项目,充分展示了其科研项目的创新性。

第三节 化合物半导体材料研究

康俊勇团队长期从事化合物半导体材料制备及其特性表征的教学和科研工作,熟练掌握晶体薄膜外延和体单晶生长,晶体结构、光学和电学表征等技术。培养研究生30多名,其中第一位博士生蔡端俊的论文获2008年度全国优秀博士论文提名,2004年获得厦门市优秀教师称号。康俊勇2000年兼任日本东北大学学际科学国际高等研究中心(Institute for Interdisciplinary Advanced Research)客座教授、2004年兼任日本东北大学材料科学国际前沿中心(International Frontier Center for Advanced Materials)客座教授。主持建设了厦门大学半导体光子学研究中心,参与主持建设了厦门大学纳米科技中心,主持过厦门大学微机电研究中心建设完善工作。参与并推动了国家半导体照明产业化基地(厦门)的建设工作。现为厦门大学"物理学"一级学科博士点、"微电子学与固体电子学"二级学科工科博士点学术带头人,"凝聚态物理"国家重点学科主要学术带头人,厦门大学半导体光子学研究中心主任,半导体微纳光电子材料与器件教育部工程研究中心负责人,福建省半导体材料及应用重点实验室主任,福建省半导体光电材料及其高效器件转换 2011 协同创新中心领军人物。

主持过国家“863”计划课题、国防基础、国家自然科学基金重点专项、省部级重点项目等研究 20 多项，主要开展宽禁带半导体薄膜和量子结构材料制备、测试、理论设计，及发光二极管和光电探测器制备等研究工作。首次研发出了强磁场垂直温度梯度凝固晶体生长设备、Laplace 缺陷谱仪、纳米级空间分辨率应变和电荷测试方法、增强中紫外光的 Zn-Zn_2SiO_4 异质纳米同轴线制备方法、超薄 InN/GaN 应变量子阱结构紫外 LED、Mg 和 Si 共掺超晶格 p 型 AlGaN 结构材料、稳定光发射波长的 Mg 掺杂的 InGaN/GaN 量子阱结构、树叶脉络形大功率氮化镓基 LED 电极、Si(111)7×7 表面二维晶格等。申请发明专利 9 项，其中 5 项已被授权；先后应邀在国际和全国会议上做邀请报告；在国内外重要学术刊物上发表论文 160 多篇；与厦门乾照光电有限公司研发的“高性能高亮度 InGaAlP 四元系红黄光 LED 外延片、芯片研制与生产”获得 2009 年厦门市科学技术进步奖三等奖。

第四节 天文学研究

卢炬甫 2000 年从中国科学技术大学调任厦门大学，物理学系设立了天文研究方向。卢炬甫团队的科研项目“黑洞吸积与喷流的动力学研究”荣获 2002 年度教育部自然科学一等奖。2006 年他出任厦门大学理论物理与天体物理研究所首任所长，2012 年推动厦门大学复办天文学系并出任首任系主任。卢炬甫是我国黑洞天体物理研究的开创者之一，在他的引领下，厦门大学天文学系成为国内黑洞天体物理的又一个重镇。厦大再续传统、重新跻身高速发展的天文学事业，卢炬甫贡献了自己力量——从某种角度看，正是因为他在厦大，使得一批优秀青年学者，集聚厦大。

天文学系的主要研究领域包括高能天体物理和星系与大尺度结构，研究方向均为国际天文学前沿，已取得了一系列高水平原创成果。复办至今，在国际顶尖天文、物理期刊已发表 150 余篇论文。学术成绩的积累也促成天文学系教师在人才项目上收获颇丰，如天文学系现有国家杰出青年科学基金获得者 3 人、优秀青年科学基金获得者 3 人、青年海外高层次人才引进计划入选者两人、“万人计划”科技创新领军人才入选者两人、国家重点研发计划首席科学家 1 人。

天文学系教师还积极参与国内外大型天文设备的立项、建设和运行，院长方陶陶担任国际三十米光学红外望远镜科学委员会中方主席；天文学系累计承担国家重大、重点项目 7 项。

第五节　石墨烯研究

蔡伟伟团队主要研究领域为超大面积石墨烯制备、石墨烯热运输表征、石墨烯场效应晶体管及其应用和还原氧化石墨烯在储能器件中的应用等，共发表文章 60 余篇，其中包括 *Science*、*Nature* 子刊、*Nano Letters* 等国际知名期刊，文章总引用次数超过 6000 次，获科睿唯安 2019 年度“全球高被引科学家”，在国内外知名会议上应邀做大会报告多次。

蔡伟伟团队还主持国家自然科学基金委青年科学基金项目、国家自然科学基金委重大研究计划培育项目等 4 项国家级、省级课题，以及 3 项企业横向课题。2013 年，蔡伟伟入选首届中央组织部“青年拔尖人才支持计划”，以及福建省“百人计划”，是厦门大学物理学系史上最年轻的系主任。

第六节　非线性光学、量子光学和量子信息研究

陈理想是中英联合培养博士生，2010 年博士毕业后加盟物理学系，负责承担完成了厦门大学光场调控与量子信息实验室建设的阶段性任务。目前主要致力于非线性光学、量子光学和量子信息等领域的研究，特别是光子轨道角动量相关的基本物理问题和量子纠缠调控及新型高维量子信息处理、量子关联成像等新颖应用，相关研究已形成了厦大特色，在国内外具备了比较突出的领域影响力。以通讯作者/第一作者在 *Physical Review Letters*、*Light：Science & Applications* 等国际期刊发表系列论文，研究工作被美国物理学会 Physics 网站和英国物理学会 Physics World 网站等亮点报道，入选“2014 中国光学重要成果”。2020 年入选教育部高层次人才计划青年学者，获 2019 年中国物理学会“萨本栋

应用物理奖”，主持国家自然科学基金委重点项目等。现担任教育部物理学类教指委委员、中国光学学会光量子专委会委员和基础光学专委会委员、中国激光杂志社青年编委、《物理实验》杂志副主编等。

第七节 生物物理、仿生材料等研究

厦门大学生物仿生及软物质研究院成立于 2013 年 4 月 6 日，刘向阳出任院长。研究院在其主持下，2015 年获批国家柔性物质研究及应用学科创新引智基地（“111 计划”）和福建省柔性功能材料重点实验室，2016 年获批厦门市柔性导电材料与器件工程技术研究中心。目前研究院实验室面积约 1200 平方米，包含化学实验室、生物细胞间、分析测试中心、洁净室等，设备总额约 3000 万元，能够提供具有国际先进水平的纳米功能材料合成及表征、功能器件制备测试、可再生功能开发等实验所需要的仪器设备，具有非常完备的实验设备和非常优越的实验条件，并与世界一流大学和著名学者，建立了研究生制度化交流与联合培养机制。

研究院主要专注于柔性材料及相关功能化、柔性电子、柔性传感器件、能源器件、表面以及胶体科学等方面的研究。将利用先进的纳米科技与各种物理、化学、生物等技术，研究材料的形成机制，揭示结构与性能的关系，通过材料设计与合成，实现材料的多功能化与智能化；将利用制备的柔性功能材料制备温度、压力、葡萄糖、血钾、血钙等系列传感器件，并开发与大健康、智能可穿戴配套的电路设计、通讯、大数据、人工智能的研究。

第八节 有限时间热力学理论和新能源应用研究

严子浚于 20 世纪 80 年代初在国内最早开展有限时间热力学理论的研究，取得丰硕成果，创建了一支精干的研究队伍。几十年来，研究团队已成为“科研带动教学，教学促进科研”的典范。

陈丽璇等人完成的教学成果获得国家级普通高校优秀教学成果奖二等奖，

陈金灿等人承担的“热力学与统计物理学”课程被评为国家精品课程，获得国家级精品资源共享课，成为国家一流的“热统”教学平台。

近 30 年来，研究团队深入开展有限时间热力学理论和新能源应用等领域的研究，在国际 80 多种重要刊物上发表 400 多篇学术论文。陈金灿于 2014—2018 年连续 5 年进入 Elsevier 发布的在全球具有重要学术影响力的中国高被引学者榜单，名列榜单前列；2019 年入选斯坦福大学 Ioannidis 教授带领的团队挑选出的世界前 10 万名科学家，名列中国物理学科榜单前列。

研究团队的教学科研成果分别获得普通高校优秀教学成果奖省级和国家级 3 次，教育部自然科学奖和科技进步奖 3 次，福建省自然科学奖和科技进步奖 3 次。

第九节 理论物理

理论物理专业严子浚等老师长期从事本科和研究生的教学工作，在热力学统计物理教学内容上有许多深刻独到的探索研究，内容包括热力学基本理论、热力学定律、理想和非理想气体、多方过程、特性函数、熵和熵增加原理、毛细现象、负绝对温度、温度 $T\rightarrow\pm\infty$ 等极端情况、热力循环 Bucher 图、涨落的热力学方法等。这些教学研究论文在国际物理类教学英文期刊和《大学物理》上也发表了 30 多篇。其团队提出的计算涨落的准热力学方法非常好用，深受师生赞赏和喜爱，该方法的有关内容已被编入汪志诚编著的《热力学统计物理》全国高等教育优秀教材中。

几十年来，理论物理教学科研团队已成为“科研带动教学，教学促进科研”的典范。陈丽璇、严子浚、陈金灿、林国星完成的教学成果获得普通高校优秀教学成果奖省级一等奖和普通高校优秀教学成果奖国家级二等奖；陈金灿和苏国珍完成的《热力学与统计物理学：热点问题思考与探索》一书，由科学出版社出版；陈金灿、苏国珍、李书平、林国星承担的“热力学与统计物理学”课程被评为国家精品课程，并获得国家级精品资源共享课，成为国家一流的“热统”教学平台；团队的 3 名教师先后荣获厦门大学教学名师，两名教师分别获得福建省优秀教师和厦门市优秀教师。

20 世纪 80 年代初，国际上关于有限时间热力学的研究正在兴起，理论物理专业的严子浚是我国首位搏击潮头的探索者，是我国有限时间热力学研究的领航人。严子浚团队在国际上率先开拓了“三热源制冷及热泵循环”的有限时间热力学基础理论研究，以及“吸收式、吸附式、太阳能或废热驱动的制冷机和热泵等热设备”的有限时间热力学应用研究，这些前沿学术研究都取得了颇丰的研究成果。严子浚、陈金灿、陈丽璇所取得的科研成果分别获得教育部科技进步奖和福建省科技进步奖3次。

21世纪初，一批国内优秀学者加入厦门大学理论物理专业后，理论物理专业得到了长足的进步，带动了物理学科的迅速发展。卢炬甫团队在黑洞吸积盘理论研究方面走在了国内前列，在国际上也具备了独特的地位。天体物理课题组在卢炬甫的带领下，大力引进和培育人才，方陶陶和顾为民分别在2015年和2019年获得国家杰出青年基金资助，顾为民、王俊峰和刘彤分别于2012年、2015年和2018年获得优秀青年基金资助，王俊峰和武剑锋分别于2013年和2017年以国家高层次青年人才身份加盟天文学系。

随着人才引进，课题组逐渐形成了高能天体物理、星系与大尺度结构为主的研究团队。在传统优势领域——黑洞吸积与喷流理论及其他高能天体物理领域取得了一系列成果，如顾为民原创性地提出黑洞吸积盘外流的成因，并且利用我国自主研制的郭守敬望远镜的恒星光谱，提出了寻找黑洞的新方法；刘彤、李昂和顾为民还在黑洞并合、中子星并合触发引力波的多信使天体物理研究方面取得了重要进展，利用并合过程、快速射电暴、伽马射线暴、千新星等多信使天文信息限制致密天体的物理本质；刘彤在伽马射线暴、超新星等爆发天体研究中开展系统性研究工作，获邀在 *New Astronomy Reviews* 上发表黑洞超吸积的综述文章，位列该杂志2017年以来引用排名第一。刘彤2016年关于快速射电暴的Kerr-Newman黑洞模型的论文于2019年获得美国天文学会和英国物理学会(IOP)出版社联合授予的中国高被引用作者奖。顾为民、王俊峰和武剑锋作为团队成员，参与了首次多波段认证大质量恒星级黑洞的工作，成果发表在 *Nature* 上。

团队在星系形成演化、恒星形成演化和宇宙大尺度等方面也取得了一系列出色成果，如方陶陶受邀在 *Nature* 主刊发表题为《宇宙网状结构中发现失踪重子》的评论综述文章。在文章中，方陶陶回顾了在寻找失踪宇宙重子方向上的历史，评述了最新进展，并对该方向的今后发展进行了展望。该工作标志着厦门大学天文学科在宇宙重子物质的研究领域具有了突出的国际影响力。

陈金灿课题组对现代热力学理论与新能源应用进行了广泛和深入的研究，其研究内容渗透到许多新技术领域，包括半导体热电器件、太阳能热力循环、化学机与化学泵、燃料电池及其耦合系统、电解水制氢系统、磁制冷、布朗马达、量子热力学循环、太阳能光伏电池等系统的优化性能和参数优化设计等；对非广延统计物理、受限量子体系、玻色-爱因斯坦凝聚、量子循环、布朗马达等统计理论也开展了富有成效的研究。

赵鸿和王矫的复杂系统研究组在低维系统输运与扩散基础理论研究方面取得了一系列成果，在国际上率先进行了非线性晶格系统中孤子散射的定量研究、提出了时空关联函数计算的数值方法并应用于晶格系统能量热量动量等扩散规律的研究，提出了动力学过程可以导致具有平移不变性的一维有限长非线性晶格表现出符合傅里叶热传导定律的行为，改变了这个领域长期以来的固有观点；该团队结合理论分析和数值计算首次给出了一维晶格系统能量均分定律成立的条件，获得了均分时间随扰动强度变化的普适率，并由此证明安德森局域化膜在无序晶格系统热力学不稳定的结论。王矫团队近年来积极开展耦合输运问题攻关并取得突破，发现了当系统的微观动力学存在且仅存在一个相关守恒量时，其热电优值可在热力学极限下发散，给出了热电转换效率的理论上限及其必须满足的微观动力学条件；2018 年，又证明了微观相互作用可使热电转换效率超越由 B.S. Whitney 根据 Landauer-Butticker 散射理论给出的理论上限，是热电转换理论研究方面的最新突破；最近，进一步发现微观动力学的时间反演不变性不是昂萨格倒易关系的充分条件，这与人们长期所持观点相反。

吴晨旭课题组是国内从事软凝聚态理论研究最早的团队之一，在软凝聚态体系的结构和特性关联方面长期开展工作。在聚合物长链动力学扩散机制方面，课题组 Holger 博士（2016 年离职）提出的三维扩散结合准一维链上扩散机制，为解决拥堵状态下生物大分子的结合和扩散行为提供了理论基础，成功地解决了许多实验现象。在表面聚合物刷体系，课题组基于多年研究的基础，提出的智能表面的概念，为表面聚合物刷体系的应用打开了思路。在液晶体系方面，提出的液晶压电效应理论模型，成功地把液晶分子的微观结构包括手征性包含在压电效应中。最近还运用格林函数法，在向列相液晶悬浮体系中，首次发现了外场触发的悬浮颗粒位置相变，并归纳总结了发生此种位置突变的相关条件组合，同时发现临界场强与 80 多年来被广泛关注的 Freedericksz 相变类似，但是系数不同。

帅建伟课题组在物理系开始了生物物理的理论研究，在细胞信号、免疫系统、细胞凋亡和蛋白质组学大数据等方面取得一系列理论成果。基于对局域钙信号随机动力学研究，指出物理、化学和生物学中有广泛重要应用的质量作用定律和细致平衡定理，在具有陡峭分布的非平衡局域钙信号振荡理论模型中的失效问题，表明该研究领域先前的许多建模理论需要重新审视修正。通过对艾滋病 HIV 病毒与免疫系统相互作用建模，深入地研究了 HIV 病毒变异、感染和识别的免疫动力学，指出 CD8T 细胞在急性期对抑制病毒起到决定性作用，从而提出 CD8T 细胞对 HIV 抑制的重要作用。针对蛋白质质谱大数据，提出了一个基于人工智能深度学习的蛋白质质谱新算法，能够分析出更多低浓度的蛋白，促进了蛋白质组学的大数据分析研究。

理论物理团队成员对国内相关学科的发展做出了重要贡献。卢炬甫、吴晨旭、赵鸿、帅建伟等多年来一直参与国家基金委杰青、优青、重点等各类基金以及教育部长江学者、中组部等青千等人才项目的会评工作。赵鸿负责牵头撰写了基金委数理学部"十三五"规划中统计物理方向部分，他还担任了教育部物理学教学指导委员会成员、全国统计物理与复杂系统大会副主席、全国凝聚态理论与统计物理大会组委，对推动国内统计物理与复杂系统发展做出了贡献。吴晨旭担任了中国物理学会秋季学术年会组委会成员、教学指导委员成员，并任 2013 年中国物理学会秋季学术年会、第八届中美前沿科学研讨会、第二届中国新加坡前沿科学研讨会、2012 年中德软物质前沿研讨会、厦门软物质系列论坛主席和中方协调人。多年来，吴晨旭、赵鸿、帅建伟先后在中国物理学会秋季学术年会担任软凝聚态物理与生物物理、统计物理两个分会的召集人。在推动基金委软凝聚态物理领域发展建设方面，吴晨旭先后负责或参与撰写了物理Ⅰ软凝聚态物理部分"十二五""十三五"规划。帅建伟、吴晨旭还作为负责人或作为核心成员参与中国大百科全书软凝聚态物理、生物物理两大领域的关键词条编写审定，基金委软凝聚态物理的关键词审定以及中国科学发展战略报告中软凝聚态物理部分的编写审定工作。

近十几年来，理论物理团队承担了包括多项国家基金重点项目在内的一系列科研项目，在美国《物理评论快报》发表多篇论文，在国内外初步建立了地位和产生了影响。理论物理方向在人才培养方面也取得了很好的成绩，吴晨旭、赵鸿、帅建伟、方陶陶、顾为民先后获得了国家基金委杰出青年科学基金资助。

第十八章　主要科研成果与著作

教学与科研是大学的车之两轮、鸟之两翼。就学院而言,教学是立院之基,科研则是强院之本。科研工作是学院建设的中心工作之一,科研不仅是培养优秀人才的重要方法,还是提高师资队伍素质的重要途径,也是学科建设的重要手段。

2000年以来,学院承担了包括国家"863"、"973"、国家自然科学基金等纵向课题700余项,到款总额近2亿元,横向课题250余项,到款金额超过1亿元。物理与机电学院期间,共计发表学术论文近1100篇,绝大部分收录于SCI、EI、ISTP,其中一区、二区论文共300余篇;物理科学与技术学院期间,共计发表学术论文近700篇,一区、二区论文400余篇,绝大部分收录于SCI、EI、ISTP。近20年来,学院(系)发表教学论文120余篇,获国家发明专利近300项、软件著作权近50项、鉴定项目近20项,学院(系)科研取得丰硕成果。

据不完全统计,20世纪60年代以来,学院(系)共出版编(译)著近百部,各类获奖论文和科研成果共57项。其中,2012年,学院蔡伟伟课题组的论文"Thermal Conductivity of Isotopically Modified Graphene"发表在*Nature Material*,这是学院有史以来第一篇以学院为第一单位的*Nature*、*Science*及其子刊的论文,也标志着学院一脚跨入厦门大学*Nature*、*Science*俱乐部。

第一节　编(译)著

院/系历年编(译)著

书　名	作　者	出版社	出版时间
红外光电探测器及其材料	(译)黄启圣等	科学出版社	1960年

续表

书　名	作　者	出版社	出版时间
场致发光	(译)黄美纯等	科学出版社	1964年
半导体统计学	(译)黄启圣等	上海科技出版社	1965年
固体物理学学习参考书	陈金富	高等教育出版社	1986年
电子自旋共振实验技术	陈贤镕	科学出版社	1986年
中国大百科全书(部分词条)	吴伯僖	中国大百科全书出版社	1987年
中国大百科全书(部分词条)	黄美纯	中国大百科全书出版社	1987年
实用全息摄影术	刘守等	人民邮电出版社	1989年
光纤通信导论	石守勇	厦门大学出版社	1990年
福建科技志志稿(半导体物理部分)	林秀华	福建人民出版社	1990年
现代实验方法概要	连世阳	厦门大学出版社	1992年
固体物理大词典(固体发光部分)	吴伯僖	高等教育出版社	1993年
当代台湾科技(台湾物理学研究部分)	林秀华	福建科技出版社	1993年
高技术百科词典(信息光学部分)	黄献烈	福建人民出版社	1994年
高技术百科辞典(信息光学部分)	吴河浚	福建人民出版社	1994年
高技术百科辞典(激光光谱学部分)	陈书潮	福建人民出版社	1994年
高技术百科辞典(非线性光学部分)	周海光	福建人民出版社	1994年
计算机辅助大学物理教学(系列软件中的“保角变换”“δ函数”课件)	骆万发等	高等教育出版社	1994年
材料的激光束和离子束改性(Модификация Материалов Лазерныmт и Ионными Пучками)	陈朝	“综合技术”(УНИТЕХ)社，МИНСК(明斯克市)	1995年

续表

书 名	作 者	出版社	出版时间
Progress in Surface and Interface Research (Chapter 4)	Chenxu Wu、Xiaojing Huang、Suzen He, Shigang Sun	Transworld Research Network	2006 年
Semiconductor Research Trends (Chapter 11)	Jincan Chen	Nova Science Publishers, Inc.	
磨削加工技术	(日)庄司克雄著;郭隐彪、王振忠译	机械工业出版社	2007 年
变频器应用案例	林育兹	高等教育出版社	2007 年
分析化学(第 12 章)	陈忠	高等教育出版社	2007 年
现代传感技术	黄元庆	机械工业出版社	2008 年
中国半导体照明产业发展年鉴(第二部分)	陈忠	科学出版社	2008 年
先进制造技术	孙道恒	高等教育出版社	2007 年
电工技术	林育兹	科学出版社	2006 年
微装配与微操作	席文明,姚斌	国防工业出版社	2005 年
可编程序控制器原理及逻辑控制	林育兹	机械工业出版社	2006 年
飞机性能工程	黄太平	科学出版社	2005 年
电工电子学	林育兹	电子工业出版社	2005 年
微机原理与接口技术	洪永强	科学出版社	2009 年
工程控制理论	胡国清	机械工业出版社	2004 年
单片机原理及应用:C51 编程+Proteus 仿真	张毅刚,彭喜元,刘兆庆,范贤光	高等教育出版社	2010 年
机械工程实践与训练	姚斌,曾景华,张金辉,路晓东	清华大学出版社	2012 年

续表

书　名	作　者	出版社	出版时间
Numerical investigation on the Instability and The Primary Breakup of Inelastic Non-Newtonian Liquid Jets	朱呈祥	Verlag De.Hut	2014 年
先进光学元件微纳制造与精密检测技术	郭隐彪	国防工业出版社	2014 年
稀土掺杂铌酸锂单晶的光谱特性	李艾华等	科学出版社	2013 年
数控加工技术和 NCSIMUL 环境下的仿真	卓勇	清华大学出版社	2013 年
Horizons in World Physics: Volume 280(Chapter 2)	方志来等	Nova Science Publishers, Inc	2013 年
Soft Fibrillar Materials: Fabrication and Applications	刘向阳	Viley-VCH	2013 年
先进光学元件微纳制造与精密检测技术	郭隐彪	国防工业出版社	2014 年
第三代半导体材料与器件进展	李金钗、林伟、陈航洋、刘达艺、杨旭、蔡端俊、李书平、康俊勇	南京大学出版社	2015 年
一种射频脉冲控制的压缩感知磁共振成像方法	屈小波	国防工业出版社	2015 年
Proceedings of 2015 IEEE International conference on anti-counterfeiting, security, and identification	董继扬	IEEE Press	2015 年
Advanced Polymeric Materials	Wuli Cheng、Holger Merltiz、Xuwu Chen	Apple Academic Press	2015 年
光学	李艾华	哈尔滨工业大学出版社	2015 年
增进科技英文论文写作能力	施天谟、吴晨旭、张宇锋	厦门大学出版社	2016 年

续表

书 名	作 者	出版社	出版时间
Encyclopedia of Semiconductor Nanotechnology	方志来	American Scientific Publishers（美国科学出版社）	2017 年
Nanostructured Materials For High Efficiency Perovskite Solar Cells	叶美丹	Springer-verlag	2016 年
太阳能电池发展现状及性能提升研究（第 3、5 节）	康俊勇、吴志明	科学出版社	2016 年

第二节 获奖论文和科研成果

院/系获奖论文和科研成果统计表

标 题	成 员	颁奖单位	获奖等级	时 间
半导体表面光伏效应	沈颉华、刘士毅、陈朝、连世阳、刘中平	福建省	高等院校科技成果三等奖	1984 年
C_{15} 化合物 $ZrZn_2$ 和 ZrVz 的磁性和超导性的 FLAPW 局域密度电子结构研究	黄美纯、江中、傅里曼	福建省科协	优秀论文二等奖	1991 年
四面体键半导体合金 LMTO 能带的相干势近似计算	王仁智、黄美纯	福建省科协	优秀论文三等奖	1991 年
最优的内可逆三热源制冷机	严子浚、陈金灿	福建省科协	优秀论文二等奖	1991 年
计算涨落的一种新方法	严子浚、陈金灿	福建省物理学会	优秀论文奖	1991 年
宇宙射线的早期探索与发现	许乔蓁、布朗	中国科技史学会	优秀论文奖	1992 年

续表

标　题	成　员	颁奖单位	获奖等级	时　间
异质结能带边不连续性的第一原理计算	王仁智、黄美纯、柯三黄	福建省科协	优秀论文二等奖	1995 年
半导体光子声子形变势的第一原理研究	柯三黄、王仁智、黄美纯	福建省科协	优秀论文二等奖	1995 年
场相关热容对铁磁埃里克森制冷循环特性的影响	严子浚、陈金灿	福建省科协	优秀论文二等奖	1995 年
Au-GaP 欧姆接触的性质	林秀华、江炳熙	福建省科协	优秀论文三等奖	1995 年
非破坏性研究半导体材料性质与参数	刘士毅、沈颢华 、朱文章、陈朝、颜永美	福建省	科技进步奖二等奖	1996 年
学科史——研究生教学成功的前提	刘守	中国高等教育研究	优秀论文一等奖	1997 年
用光莫尔技术制作激光全息防伪密码的技术及应用	张向苏、刘守	教育部	二等奖	2000 年
10 Mbps/100 Mbps 光纤收发器的研制	陈朝、夏德昊、刘宝林、陈松岩	福建省	科技进步奖二等奖	2001 年
二热源制冷机和热泵的新理论研究	严子浚、陈金灿、陈丽璇	福建省	科技进步奖二等奖	2001 年
黑洞吸积与喷流的动力学研究	卢炬甫、袁峰、顾为民	教育部	自然科学一等奖	2002 年
用于计算机以太网通信的10、100 Mbps 光纤收发器	陈朝、夏德昊、刘宝林、陈松岩	中国发明协会	银奖	2003 年
核磁共振新技术及其在化学和医学成像中的应用	陈忠、蔡淑惠、钟健晖、万惠霖	福建省	科学技术奖二等奖	2003 年
全息莫尔密码防伪技术	刘守、张向苏、赖虹凯	福建省	科学技术奖二等奖	2004 年
不可逆多热源循环的新优化理论	陈金灿	教育部	科技进步奖二等奖	2006 年

续表

标 题	成 员	颁奖单位	获奖等级	时 间
半导体热电转换系统的新优化理论	陈金灿、严子浚、林比宏、吴图清、林国星	福建省	科技进步奖三等奖	2006 年
光谱数据库系统的研制和推广应用	谢狄霖、陈忠、林积荣	福建省	科技进步奖三等奖	2007 年
核磁共振光谱技术应用于医药学研究	谢狄霖、陈忠、邓思珊、蔡淑惠、陈志伟	福建省	科技进步奖三等奖	2009 年
多晶硅连续凝固铸锭产业化工艺与设备	洪永强、苏智毅、杨继荣、薛文东、兰彦	福建省	科技进步奖三等奖	2011 年
一种连续生产多晶硅锭的定向凝固方法及其装置	洪永强	福建省专利奖	专利奖三等奖	2011 年
医用全身扩散加权成像及其在肿瘤转移灶诊断中的应用	杨天和、陈忠、蔡淑惠、王馨、蔡聪波、林建忠	福建省	科技进步奖二等奖	2012 年
太阳能热驱动系统的循环性能及参数设计优化	陈金灿、严子浚、林国星、张悦、陈晓航	福建省	自然科学奖二等奖	2012 年
高精度光学非球面元件检测平台的开发与应用	汪建平、肖维军、林春生、郭隐彪、王振忠	福建省	科技进步奖三等奖	2013 年
慢性脑血管功能不全的MRI研究	郭岗、陈忠、蔡淑惠、杨永贵、蔡聪波	福建省	科技进步奖三等奖	2013 年
高场核磁共振仪器关键技术及核心部件的开发与应用	陈忠	湖北省	技术发明奖一等奖	2013 年
半导体照明评价测试系统和新技术及推广应用	陈忠、吕毅军、刘宝林、王亚军、沈亚锋、谢俊秋、高玉琳	福建省	科技进步奖二等奖	2014 年
光学硅材料-掺杂铌酸锂晶体生长、缺陷与光学性能	李艾华	河北省	科学技术奖三等奖	2014 年

续表

标　题	成　员	颁奖单位	获奖等级	时　间
静液压行驶驱动系统在工程机械中的产业化应用	江吉彬、侯亮、郭涛、廖清德、叶建华、冯勇建、黄鹤艇	福建省	科技进步奖二等奖	2014 年
低功耗高均匀度 LED 显示屏关键技术及产业化	张余涛、陈忠、王素彬、刘宝林、朱丽虹、朱卫平、高玉琳、谢俊秋、吕毅军	福建省	科技进步奖一等奖	2015 年
高分辨率全彩 LED 显示屏技术创新项目	杨树军、刘宝林、高玉琳、周国华、吕毅军、朱卫平、朱丽虹	福建省	科技进步奖二等奖	2016 年
新型生物功能材料的构筑及生物应用基础研究	林友辉	吉林省	科技进步奖一等奖	2017 年
多场调控化合物半导体量子结构关键项目技术及其固态光源应用	康俊勇、林伟、高娜、李金钗、蔡端俊、黄凯	福建省、厦门市	科技进步奖一等奖	2018 年

1921 年，厦门大学开启了物理学教育，至今已走过了一百年的时光。

这百年的历史，是一部物理人艰辛创业的奋斗史，是一部教育发展的鲜活史。回望过去跌宕起伏、回环曲折的历史篇章，不禁感慨万千，始知先辈创业办学之艰辛。所谓宝剑锋从磨砺出，梅花香自苦寒来，道路虽然曲折，但经过几代人的辛勤耕耘，锐意进取，终于将这棵幼苗抚育成了参天大树，这是值得所有厦大物理人庆幸和骄傲的。

百年的艰苦创业，学院实现了学科建设从无到有，办学规模由小变大，师资队伍不断壮大，教学实力稳步提升，实验条件大幅改善……特别是近 20 年来，学院腾飞的步伐进一步加快，为未来的强盛打下了坚实的基础。

百年的艰苦奋斗，学院取得了众多宝贵的办学经验，师生践行和发扬“自强不息，止于至善”的校训精神，在教学和求知中形成了严谨治学、勤奋务实、艰苦奋斗、尊师敬业的教风和学风，这成了厦大物理人强大的精神支柱，成了厦大物理人最亮丽的底色。

百年的艰苦奋斗，造就了一大批学识渊博、勤勉有为、热情无私的教育工作者，他们为学院的教育教学、科研攻关等工作孜孜不倦，辛勤付出，是学院教育事业发展的中流砥柱，是学院辉煌历史的书写者，在此对他们表示崇高的敬意！

百年的艰苦奋斗，还造就了一届又一届全心全意服务师生的干部职工队伍，他们为学院建设发展贡献的力量，值得铭记。

百年的艰苦奋斗，学院为社会建设培养和输送了一大批优秀人才，众多优秀毕业生奔赴祖国各地，在各行各业为国家建设奉献青春力量，他们是学院永不褪色的亮丽风景线。

功崇惟志，业广惟勤。厦大百年之期如约而至，学院发展也即将步入新的篇章。面对未来，学院将始终秉承校训，聚精会神搞好学科建设，一心一意谋求教学发展；以人才培养为中心、师资建设为保障、创新发展为支撑，坚持以人为本，服务大局，齐心协力，共创发展。

今天，当我们昂首挺胸走在新时代，在“两个一百年”奋斗目标的指引下，我们必将更加充满信心。长江后浪推前浪，新一代物科人定将大力弘扬“两弹一星”精神和“载人航天”精神，以乘风破浪的勇气扬帆起航，以更加宏伟的目标、更加广阔的胸襟，朝着下一个辉煌不断迈进，为实现中华民族伟大复兴的中国梦贡献力量！

第六部分
附　录

附录一　院系大事记

1921 年	开设物理学门，物理学教育肇始
1923 年	设立物理学科
1924 年 6 月	物理学系成立
1927 年 9 月	天文学系成立
1930 年 9 月	天文学系停办
1936 年 4 月	算学系和物理学系合并为数理学系
1953 年年初	数理学系恢复成数学系和物理学系
1953 年 9 月	中共厦门大学物理学系支部成立
1955 年	建立电子物理专门组、半导体物理专门组
1958 年	建立半导体物理专门化、无线电专门化
1959 年	建立无线电物理专业、海洋物理专业、理论物理专门化
1960 年	电子物理专门化迁到福州大学，本系只留无线电专门组
1960 年	成立技术物理研究一所、技术物理研究二所
1960 年年底	技术物理研究一所迁到福州大学
1962 年	系所合并，技术物理研究二所取消
1966—1969 年	“文革”，停止招生
1970 年	招收工农兵试点班学员
1970 年	恢复无线电物理专业
1970 年	海洋物理专业调出划入海洋学系
1974 年	建立光电子学专业
1977 年	恢复高考招生
1978 年	重新建立技术物理研究所
1980 年	建立理论物理专业

1981 年	招收首批半导体物理和器件物理、无线电物理研究生
1983 年	物理学系新增博士学位授予学科、专业点 1 个——半导体物理与半导体器件物理；新增硕士学位授予学科、专业点 1 个——理论物理
1985 年	无线电专业中物理系的电子技术组分离出去发展成为电子工程系
1986 年 7 月	刘瑞堂出任厦门大学党委副书记，1989—1995 年转任厦门大学副校长
1990 年 10 月	光学专业获批硕士学位授予的学科、专业点
1995 年 5 月	物理系主任陈传鸿出任厦门大学党委副书记（主持工作）；1997 年 7 月任厦门大学党委书记；1999 年 4 月改任厦门大学校长
1995 年 8 月	由中国首次承办的国际纯粹与应用物理联合会（IUPAP）下属的第十九届国际统计物理会议在厦门大学举行
1997 年	半导体物理与半导体器件物理博士点调整为凝聚态物理博士点
1998 年	机电工程系复办
1999 年 6 月	成立厦门大学物理与机电工程学院
2001 年 3 月	国家人事部、全国博士后科研流动站管委会正式授予学院“物理学博士后科研流动站”点
2003 年 7 月	学院新增物理学一级学科、测试计量技术及仪器二级学科博士点
2006 年	学院新增博士点 3 个——微电子学与固体电子学、机械电子工程、精密仪器及机械；硕士一级学科、专业点 1 个——电子科学与技术；硕士学科、专业点两个——机械设计及理论、航空宇航制造工程
2006 年 4 月 6 日	厦门大学理论物理与天体物理研究所揭牌仪式举行
2007 年 8 月 20 日	凝聚态物理专业被认定为国家重点学科
2008 年 4 月	航空系复办

2008 年	学院新获批 1 个工程硕士点——电子与通信工程；新增 1 个本科专业——电气工程及其自动化；1 个省级特色专业——飞行器动力工程
2008 年 12 月	物理与机电工程学院党委书记赖虹凯出任厦门大学副校长；2012 年转任厦门大学党委副书记兼纪委书记
2010 年	学院获批 3 个一级学科博士点——仪器科学与技术、机械工程、电子科学与技术；1 个一级学科硕士点——航空宇航与科学技术
2011 年 4 月	电子科学系成立
2012 年 11 月	天文学系复办
2014 年 7 月	学院整体搬迁到海韵校区物理机电航空新大楼
2015 年 4 月	航空系、机电工程系从物理与机电工程学院分出，与自动化系组合成立厦门大学航空航天学院
2015 年 12 月	物理与机电工程学院更名为物理科学与技术学院
2016 年 11 月	电子科学系从物理科学与技术学院分出，归属厦门大学电子科学与技术学院
2019 年 12 月	物理学专业入选国家级一流本科专业建设点

附录二　其他科研、教学成果

一、专利项目

院/系历年专利项目统计表

专利名称	专利发明(设计)人	专利号	授权日期
船舶底舭部牵引涡轮式螺旋桨推进器	周锦宇	86106368.6	1987-11-07
鱼虾苗计数器	许斐力、黄应生、马应森	87205654.0	1987-12-26
排水型船舶和鱼雷的推进器的位置	周锦宇	85108103.7	1988-04-20
实用新型薄膜厚度测量装置	李焯、杨进城、钟茂声、吕文选	87207427.7	1988-08-10
鱼虾苗计数器	许斐力、黄应生、马应森	87102410.1	1990-02-14
分布取样式鱼(虾)苗计数器	许斐力、黄应生、马应森	88202836.7	1990-04-04
磷化镓发光二极管电极制备工艺	林秀华、江炳熙	88104435.0	1991-04-10
相位取样频率合成器	周天明	89107012.5	1991-04-10
宽电压适用电子镇流器	谢维福	91216445.X	1992-06-24
增减调光荧光灯镇流器	谢维福	94219301.6	1995-04-21
单光束一步拷贝法制作彩虹全息图的装置	刘守、张向苏、赖虹凯	94223280.1	1995-05-11
二维闪耀彩虹全息图制作装置	刘守、张向苏、赖虹凯	94223265.8	1995-05-11
增辉型调光荧光灯镇流器	谢维福	94219302.4	1995-08-06

续表

专利名称	专利发明(设计)人	专利号	授权日期
多方位全息彩虹装饰材料母板的拍摄装置	刘守、张向苏、赖虹凯	94223596.7	1995-09-03
利用傅立叶变换频谱制作全息密码的装置	刘守、张向苏、赖虹凯	94213597.5	1996-03-30
一种有机无机纳米球壳结构复合材料的制备方法	朱贤方、陈志华、吴政	200810070491	2010-01-20
一种连续生产多晶硅锭的定向凝固方法及其装置	洪永强	200710008984.8	2011-01-15
一种非晶硅氧化物纳米线的焊接方法	朱贤方、苏江滨、李论雄、吴燕、黄胜利、逯高清、王连洲	200910112085.1	2011-06-08
一种非晶硅氧化物纳米线的电子束聚焦辐照加工方法	朱贤方、吴燕、苏江滨、李论雄、黄胜利、逯高清、王连洲	200910112083.2	2011-06-22
一种非晶硅氧化物纳米线的修饰加工方法	朱贤方、苏江滨、吴燕、李论雄、黄胜利、逯高清、王连洲	200910112084.7	2011-09-07
一种二维正方点阵排列的准正方形纳米颗粒阵列结构的制备方法	朱贤方、张瑜娟、黄娆、王连洲、逯高清、吴晨旭	200910113128.8	2014-11-26
一种 GaN 基垂直结构发光二极管及其制备方法	刘宝林、李晓莹	201010116025.X	2013-03-20
一种硅基纳米线的表面异质修饰方法	朱贤方、苏江滨、李论雄、吴燕	201010126626.9	2013-06-19
一种核磁共振谱仪的数据采集装置	刘鸿飞、陈忠、孙惠军、陈志伟、郑振耀	201010283561.9	2013-08-07
一种用于生物芯片分析的微流控芯片探针阵列的制备方法	陈宏、瞿祥猛	201010193890.4	2013-06-19
一种用于生物芯片分析的毛细管探针阵列的制备方法	陈宏、瞿祥猛	201010193906.1	2013-09-18
生物芯片高通量杂交的方法	陈宏、瞿祥猛	201010193922.0	2013-03-27

续表

专利名称	专利发明(设计)人	专利号	授权日期
一种基于周期性微结构的太阳能聚光方法及装置	任雪畅、王灿辉、刘国华、刘守、张向苏	201110124896.0	2013-02-13
一种基于塔尔博特效应的新型全息光镊系统	任雪畅、王灿辉、刘国华、刘守、张向苏	201110125640.1	2013-08-07
一种全息枪瞄光学系统	张向苏	201110037983.2	2013-11-13
一种用激光提纯多晶硅片的方法	陈朝、庞爱锁	201110202745.2	2013-05-08
一种偏振分光器件及其在投影光学引擎中的应用	刘哲、谢章熠、周梦超、钟建龙、黄莎玲、卜轶坤	201110123432.8	2014-04-09
大气压等离子体处理垃圾渗沥液装置	张先徽、刘东平、杨思泽	201110288029.0	2013-07-24
一种检测土壤中多氯联苯污染物的方法	朱贤方、孔令琦、占金华、来永超、张春婧、刘璟、王连洲	201110414438.0	2013-03-27
GaN 基外延薄膜自分裂转移方法	张保平、蔡丽娥、张江勇、江方	201110458460.5	2013-11-27
一种纳米结构量子态电注入发光测试方法	康俊勇、李孔翌、蔡端俊、杨旭、李书平、詹华瀚、李恒、陈晓航	201210026594.4	2013-10-09
一种小尺寸密度可控硅纳米点阵列的制备方法	黄凯、李阳娟、李成、赖虹凯	201210018656.7	2014-03-26
一种局域化发射区结构的太阳能电池及其制备方法	刘宝林、张玲、朱丽虹	201210073692.3	2015-01-21
一种横向结构的 PN 太阳能电池及其制备方法	刘宝林、张玲、朱丽虹	201210073222.7	2014-09-03
一种横向结构的 PIN 太阳能电池及其制备方法	刘宝林、张玲、朱丽虹	201210073365.8	2014-08-06
基于全息干涉术的光子晶体制造装置	任雪畅、沈少鑫、李彦双、刘守	201210332492.5	2014-08-27
核磁共振波谱仪上缩减相位编码数快速三维梯度匀场方法	刘光曹、陈忠、陈志伟	201210282508.6	2014-07-09

续表

专利名称	专利发明(设计)人	专利号	授权日期
一种射频脉冲控制的压缩感知磁共振成像方法	屈小波、颜志煜、陈颖、庄孝星、郭迪、陈忠	201210534894.3	2015-01-21
一种光电探测器绝对光谱响应的校准方法及其装置	吕毅军、朱丽虹、陈国龙、高玉琳、陈忠	201210395731.1	2014-09-10
具有两结锗子电池的四结太阳能电池及其制备方法	陈松岩、李欣、刘蕊、刘晶晶、孙钦钦	201210283318.6	2015-12-16
一种以锗为隧穿结的硅基三结太阳能电池	陈松岩、李欣、刘蕊、刘晶晶、孙钦钦	201210282587.0	2015-04-08
分布式布拉格反射与小面积金属接触复合三维电极	康俊勇、高娜、杨旭、李金钗、李书平	201210319019.3	2015-05-27
一种自适应视觉车道偏离预警装置	朱铭璋、路遥、谢鹭飞、王辅明	201310147020.7	2016-07-06
一种用于塑料光纤通信的光发射芯片的驱动集成电路	陈朝、史晓凤、程翔、范程程	201310324878.6	2015-07-01
一种基于相似块的图像融合方法	屈小波、李磊、赖宗英、陈忠	201310198572.0	2015-11-11
一种枝状异质结纳米线阵列结构材料的制备方法	黄胜利、杨倩倩、李书平、康俊勇	201310215286.0	2015-05-13
一种用于多路LED寿命加速及在线测试的温控加热装置	林岳、周骁炀、陈国龙、吕毅军、高玉琳、朱丽虹、陈忠	201620016134.7	2016-06-29
一种发光二极管结温的测量方法	吕毅军、林思棋、吴弼卿、姚琦、朱丽虹、陈国龙、高玉琳、陈忠	201310183485.8	2014-11-12
液氮传输装置	王新、郑振耀、陈忠	201310185929.1	2015-12-23
微波材料电磁参数的凹形腔检测装置及其自动检测方法	肖芬、余明、阙永祥、江智渊、陈先言、刘星	201310214174.3	2015-03-11
核磁共振波谱仪上克服对流效应的梯度匀场方法	刘光曹、陈忠、蔡淑惠	201310249827.1	2015-10-14

续表

专利名称	专利发明(设计)人	专利号	授权日期
一种在不均匀磁场下获取一维高分辨核磁共振谱图的方法	林雁勤、韦芝良、陈忠、林良杰	201410024717.X	2016-05-11
垂直结构 InGaN 太阳能电池及其制备方法	张保平、蔡晓梅、张江勇、余健、王宇	201310084674.X	2016-09-07
一种尺寸密度可控铝纳米颗粒阵列的制备方法	黄凯、陈雪、康俊勇、高娜、杨旭	201310250357.0	2016-04-13
横向 p-i-n 结构 Ge 光电探测器的制备方法	黄巍、魏江镔、陈松岩、李成	201410183675.4	2016-01-06
一种石墨烯碳膜包裹的铜纳米丝网络的制备方法	蔡端俊、徐红梅、吴雅萍、林娜、郭惠章	201410327046.4	2016-03-09
多波束平面贴片透镜天线	刘颜回、吕海裕、柳清伙、熊小平	201310019964.6	2015-09-02
一种不均匀磁场下获得核磁共振二维J分解谱的方法	黄玉清、陈忠	201410153283.3	2016-05-18
单元间强耦合超宽可调范围有源频率选择表面	张谅、柳清伙、刘颜回、叶龙芳、赖坤中、徐旭辉、赵阳、于丰畅	201410152972.2	2016-04-13
一种不均匀场下改善核磁共振氢谱分辨率的方法	林雁勤、王楚楚、张连娣、陈忠	201410187594.1	2016-09-14
非平面金属纳米晶多位存储器件的制备方法	陈松岩、亓东锋、刘翰辉、李成	201310383471.0	2016-03-09
潜式全息枪瞄准器光学系统	张远颖、刘守、任雪畅、炉庆洪、张向苏	201310615576.4	2015-01-21
一种基于二维晶格的紫外单波长 MSM 光电探测器	康俊勇、高娜、黄凯、陈雪、林伟、李书平、陈航洋、杨旭、李金钗	201310461747.2	2016-01-20
未知空间分布磁场下获取高分辨率核磁共振异核谱图的方法	张志勇、陈忠、汪凯宇	201310461836.7	2015-11-11
一种直接在 Si 衬底上生长六方氮化硼二维薄膜的方法	马吉(Abdul Majid)、蔡端俊、伍臣平、徐红梅	201410500423.X	2016-06-29

续表

专利名称	专利发明(设计)人	专利号	授权日期
一种Ge组分及带宽可调控的SiGe纳米带的制备方法	李成、卢卫芳、黄诗浩、林光杨、陈松岩	201310405028.9	2016-09-28
一种获取消除标量耦合调制的单体素一维定域谱的方法	林雁勤、林良杰、韦芝良、陈忠	201310716594.1	2016-03-09
等离子体放电装置	张先徽、周仁武、杨周斌、李俊雄、刘东平、杨思泽、严晗	201410164667.5	2015-05-13
栅状工作电极结构的电化学核磁共振原位定量检测电解池	倪祖荣、陈忠、郑振耀、孙惠军、孙世刚	201410531612.3	2016-05-25
一种蓝光LED激发荧光粉的性能测试装置及测试方法	朱丽虹、肖华、吕毅军、高玉琳、陈国龙、陈忠	201310196584.X	2016-07-06
基于单扫描超快速正交时空编码的小视野磁共振成像方法	蔡淑惠、李敬、蔡聪波、陈林、陈忠	201410057472.0	2016-04-20
台阶状氧化层Au-SiO_2-Si纳米柱存储器件的制备方法	陈松岩、亓东锋、刘翰辉、李成	201310383280.4	2015-01-28
在不均匀磁场下获得核磁共振二维自旋回波相关谱的方法	黄玉清、陈忠	201410022087.2	2016-01-20
K波段平面贴片透镜天线	刘颜回、吕海裕、柳清伙、熊小平、廖锟	201310020755.3	2016-05-18
一种陡峭界面GaN-AlGaN超晶格的制备方法	蔡端俊、陈小红、康俊勇	201310030135.8	2015-03-04
一种LED智能照明控制系统	陈忠、吴挺竹、吕毅军、纪旭明、严威、高玉琳、陈国龙	201510085455.2	2016-11-23
一种LED多芯片模块中芯片间热耦合及结温分布的测量方法	朱丽虹、卢红丽、吕毅军、林岳、高玉琳、郭自泉、陈国龙、陈忠	201610044556.X	2019-05-17
一种单层密排纳米微球阵列的制备方法	黄胜利、余彬彬、赵瑞胜、李定国、刘璟、李书平、康俊勇	201610033401.6	2016-11-23
一种平面紧凑螺旋型三模滤波器	徐开达、柏叶成、刘颜回、柳清伙	201620047793.7	2016-08-31

续表

专利名称	专利发明(设计)人	专利号	授权日期
在氧化锌掺铝导电玻璃上可控生长氧化锌纳米结构的方法	张宇锋、林南英、胡启涛、李晓军	201510958197.4	2018-07-31
一种可见光折射率传感器	朱锦锋、张丽蓉、白彦强、严爽、柳清伙	201520951352.5	2016-04-06
一种用于生物组织的核磁共振检测方法	黄玉清、汪凯宇、陈忠	201510710212.3	2017-06-23
一种消除 AC-LED 芯片频闪的电源转化电路	吕毅军、纪旭明、吴挺竹、高玉琳、朱丽虹、陈忠	201520804748.7	2016-01-13
双工作模式的 4H-SiC 紫外光电探测器及其制备方法	洪荣墩、张明昆、吴正云、蔡加法、陈厦平	201510639610.0	2017-10-03
超薄硅薄膜钝化制备绝缘体上锗的方法	陈松岩、赖淑妹、毛丹枫、李成、黄巍	201510631195.4	2018-04-13
基于石墨烯的空间电光调制器	朱锦锋、蔡艺军、严爽、张丽蓉、柳清伙	201510591902.1	2018-12-28
一种基于石墨烯的空间电光调制器	朱锦锋、蔡艺军、严爽、张丽蓉、柳清伙	201520719757.6	2015-12-30
一种氧化锌单晶薄膜的制备方法	王惠琼、李亚平、郑金成、李晓军	201510533156.0	2017-11-07
大气压等离子体放电处理废气装置	周仁武、张先徽、李江炜、杨周斌、杨思泽	201520633918.X	2015-12-23
一种可用于海洋以增加热传导的翻转装置	高召静、施天谟、张汝京、陈忠	201510510951.8	2017-06-23
一种 LED 塑料散热器	王斌、施天谟、吴晨旭、张汝京、陈忠	201520584989.5	2016-01-20
一种测量氢-氢 J 耦合常数的磁共振二维谱方法	林雁勤、林良杰、曾庆、韦芝良、陈忠	201510473574.5	2017-04-05
一种指数信号的去噪方法	屈小波、叶婧、郭迪、陈忠	201510438400.5	2017-12-08

续表

专利名称	专利发明(设计)人	专利号	授权日期
生活垃圾焚烧底灰制备建筑陶粒的方法	许清池、刘向阳	201510438347.9	2017-09-15
一种在不均匀磁场下获取二维核磁共振相干谱图的方法	陈忠、韦芝良、杨健、陈友和、陈林、林雁勤	201510437976.X	2017-04-05
一种调控氧化物材料热导率的方法	郑金成、张喨、王惠琼、李晓军	201510385332.0	2017-12-08
一种锂离子电池电极材料热导率的分析和分类方法	郑金成、任飞、李晓军、程浩、王惠琼	201510385338.8	2018-09-04
一种合金包裹铜纳米线制备多功能核壳纳米材料的方法	蔡端俊、王华春、林娜、徐红梅、伍臣平、马吉(Abdul Majid)、郭惠章、康俊勇	201510385468.1	2017-02-22
一种生物材料制备热整流元器件的方法	郑金成、李晓军、任飞、李宁、王惠琼	201510385325.0	2017-02-01
一种原位测试 LED 应力的拉曼测试系统及其测试方法	康俊勇、郑锦坚、林伟	201510288699.0	2017-11-07
变容二极管加载的电控可调波导口负载阻抗匹配器	朱锦锋、李德龙、白彦强、蔡艺军、张谅、叶龙芳、柳清伙	201510288123.4	2017-06-23
一种变容二极管加载的电控可调波导口负载阻抗匹配器	朱锦锋、李德龙、白彦强、蔡艺军、张谅、叶龙芳、柳清伙	201520363273.2	2015-09-02
一种位移-温度同测光纤传感器	林春、李亚东、夏添艺、李欣、江小峰	201510278209.9	2017-05-24
基于时空编码单扫描磁共振成像的螺旋采样及重建方法	蔡淑惠、陈林、李敬、黄建攀、张婷、蔡聪波	201510269980.X	2017-10-10
一种基于纳米压印工艺的可见与近红外光吸收体	朱锦锋、白彦强、蔡艺军、刘海、柳清伙	201520316108.1	2015-08-19
一种高维核磁共振时域信号补全方法	屈小波、应佳熙、郭迪、陈忠	201510235929.7	2017-06-23
基于 I-V 特性曲线测量 LED 结温的方法	陈忠、张纪红、施天谟、吕毅军	201510205197.7	2017-06-27

续表

专利名称	专利发明(设计)人	专利号	授权日期
Ge薄膜键合制备绝缘层上锗的方法	陈松岩、刘翰辉、亓东锋、李成	201510200903.9	2017-09-22
一种磁共振图像的迭代重建方法	屈小波、占志芳、刘运松、郭迪、陈忠	201510181018.0	2017-03-15
一种共中心点探地雷达数据自动快速测量装置	刘海、崔杰、胡祥云、柳清伙、刘颜回、张谅、陈忠	201520144492.1	2015-07-01
共中心点探地雷达数据自动快速测量系统	刘海、崔杰、胡祥云、柳清伙、刘颜回、张谅、陈忠	201510111128.X	2016-12-21
一种共发射源探地雷达多偏移距数据自动快速测量系统	刘海、谢雄耀、柳清伙、陈忠、梁添	201520144495.5	2015-07-01
一种模型自适应的NMR代谢组学数据归一化方法	董继扬、邓伶莉	201510084309.8	2017-05-03
一种焦距可调的LED光源聚光装置	吕毅军、黄伟林、高玉琳、朱丽虹、陈国龙、陈忠	201520079314.5	2015-05-27
一种在基底上制备晶片级大尺寸六方氮化硼的方法	蔡端俊、伍臣平、马吉(Abdul Majid)、徐红梅、康俊勇	201510039073.6	2017-12-29
一种景观灯	傅伟强、傅伟聪、陈忠	201520048634.4	2015-05-13
一种可集成窄带微型滤光器	孙志军	201510026670.5	2016-12-28
一种半导体发光二极管灯壳	林思棋、施天谟、卢红丽、陈忠、张汝京	201420821851.8	2015-04-08
一种用于多路LED光强空间分布特性的快速采集夹具	郭自泉、郑莉莉、吕毅军、高玉琳、陈国龙、陈忠	201420773170.9	2015-03-25
4H-SiC PIN紫外光电二极管一维阵列芯片及其制备方法	陈厦平、吴正云、蔡加法、洪荣墩、张自锋、钟金祥	201410745796.3	2017-10-03
变容管加载的可重构带阻滤波器	叶龙芳、余敏、朱锦锋、张谅、刘颜回、柳清伙	201410704683.9	2017-02-01

续表

专利名称	专利发明(设计)人	专利号	授权日期
一种变容管加载的可重构带阻滤波器	叶龙芳、余敏、朱锦锋、张谅、刘颜回、柳清伙	201420731309.3	2015-03-04
一种用于多路 LED 光衰老化测试的夹具	高玉琳、肖菁菁、黄伟林、吕毅军、陈国龙、陈忠	201420651816.6	2015-01-07
一种混合极化双通道探地雷达系统	刘海、柳清伙、陈忠、刘颜回、朱锦锋、梁添	201420637837.2	2015-01-14
一种电化学核磁共振原位定量检测电解池	倪祖荣、陈忠、郑振耀、孙惠军、孙世刚	201420583792.5	2015-01-07
一种单扫描获取磁共振二维 J-分解谱的方法	林雁勤、林良杰、韦芝良、陈忠	201410502303.3	2017-10-31
一种远程荧光粉性能测试装置及测试方法	吕毅军、黄伟林、卢红丽、朱丽虹、陈国龙、高玉琳、陈忠	201410468862.7	2017-02-15
一种在不均匀磁场下获取高分辨核磁共振谱图的方法	陈忠、韦芝良、杨健、张云燕、阎牧云、林雁勤	201410452872.1	2017-01-18
一种带空气隙锥形渐变导波结构的太赫兹电场增强器	叶龙芳、柳清伙	201420495432.X	2015-01-07
带空气隙锥形渐变导波结构的太赫兹电场增强器	叶龙芳、柳清伙	201410437148.1	2017-02-01
一种半导体发光二极管灯的散热外壳	林思棋、施天谟、陈忠、张汝京	201420377732.8	2014-11-12
一种照度可调的光电探测器绝对光谱响应校准装置	朱丽虹、肖华、陈国龙、吕毅军、高玉琳	201420319568.5	2014-11-05
一种远程荧光粉 LED 灯	朱丽虹、黄伟林、肖华、吕毅军、高玉琳、陈国龙、陈忠	201420321602.2	2014-10-08
钙钛矿氧化物 $SrTiO_3$ 在有机太阳能电池中的应用	廖霞霞、齐哲、王吉政、王惠琼、郑金成	201410183050.8	2017-01-25
一种等离子体放电装置	周仁武、张先徽、杨周斌	201420194069.8	2014-09-03

续表

专利名称	专利发明(设计)人	专利号	授权日期
基于单扫描正交时空编码磁共振成像的图像畸变校正方法	蔡淑惠、李敬、蔡聪波、陈林、陈忠	201410057539.0	2017-02-22
基于单扫描超快速正交时空编码的小视野磁共振成像方法	蔡淑惠、李敬、蔡聪波、陈林、陈忠	201410057472.0	2016-04-20
一种光子晶体结构 GaN 基 LED 的制备方法	刘宝林、陈志远、朱丽虹、曾凡明、林飞	201410049914.7	2016-11-09
一种太阳能无叶风扇伞	王斌、王惠琼	201420005479.3	2014-06-11
一种太阳能风扇伞	王斌、王惠琼	201420005545.7	2014-10-29
一种生物效应测试装置	刘颜回、丁朝、熊小平、柳清伙	201320863231.6	2014-05-28
一种无源测向试验支架	刘颜回、熊小平、陈树林、姚志会、杨晶、柳清伙	201320863260.2	2014-05-28
一种获取消除标量耦合调制的单体素一维定域谱的方法	林雁勤、林良杰、韦芝良、陈忠	201310716594.1	2016-03-09
一种潜式全息枪瞄准器光学系统	张远颖、刘守、任雪畅、炉庆洪、张向苏	201320763553.3	2014-04-30
一种液氮传输装置	王新、郑振耀、陈忠	201320272175.9	2013-10-09
一种用于热光参数测试仪的夹具	陈国龙、肖华、吕毅军、高玉琳、朱丽虹、陈忠	201320268356.4	2013-10-09
智能 LED 灯光枕头	周海光、周迪、韩旻	201320186702.4	2013-08-21
一种具有来电感应及提醒功能的手链	陈铭燕、孙振宁、郑金成	201320184785.3	2013-12-04
一种 K 波段平面贴片透镜天线	刘颜回、吕海裕、柳清伙、熊小平、廖锟	201320028515.3	2013-06-19
一种多波束平面贴片透镜天线	刘颜回、吕海裕、柳清伙、熊小平	201320029840.1	2013-06-19
一种制造三维密排光子晶体阵列结构的全息系统	沈少鑫、任雪畅、刘守	201320028671.X	2013-06-19

续表

专利名称	专利发明(设计)人	专利号	授权日期
一种半导体材料少子寿命无接触非破坏测试仪	倪祖荣	201220620562.2	2013-04-17
一种基于全息干涉术的光子晶体制造装置	沈少鑫、任雪畅、李彦双、刘守	201220456025.9	2013-03-13
一种雪崩光电二极管	洪荣墩、吴正云、陈主荣、蔡加法、陈厦平	201220112236.0	2012-10-10
温差发电锂电池充电系统	刘敏、陈忠、陈金灿、吕迎阳	201120394061.2	2012-06-20
一种可调整降低正交误差的微陀螺仪	闫鑫、陈旭远、伞海生	201110037429.4	2012-12-12
一种在微流控芯片内进行核酸扩增的装置	陈宏、宋站雨、瞿祥猛、陈瑞川	201010604153.9	2012-05-23
一种含氢类金刚石膜的制备方法	王辅明、张玲、崔万国、黎琼钰	201010582867.4	2012-09-05
一种集成化微型拉曼光纤光谱仪	吕苗、田中群、康怀志、周勇亮	201010509946.2	2012-07-04
一种基于LAN与CAN总线的核磁共振谱仪的气路与温控系统	刘鸿飞、陈忠、郑振耀、孙惠军、陈志伟、林超力	201010285779.8	2012-11-14
一种太阳能电池电致发光成像缺陷检测仪	陈朝、李艳华、庞爱锁、潘淼、何发林、杨倩、武智平、郑兰花、罗学涛	201020197159.4	2010-12-15
一种冶金级硅中磷和硼的去除方法	陈朝、何发林、陈文辉、庞爱锁、罗学涛	201010177776.2	2012-06-27
一种高场核磁共振波谱仪X核通道宽带前置放大器	孙惠军、陈忠、裘晓俊、包长虹、戴春亮	201010120870.4	2012-10-03
纳米线纵向同轴异质结构及其电子束聚焦辐照制备方法	苏江滨、朱贤方、伊姆兰·汗	CN105523521B	2017-01-11
一种平行纳米线的非热融合及其系列结构成形加工方法	朱贤方、苏江滨、程亮	CN201810576536.6	2020-02-04

续表

专利名称	专利发明(设计)人	专利号	授权日期
一种高场核磁共振波谱仪 1H/19F 通道前置放大器	孙惠军、陈忠、包长虹、戴春亮	200910112762.X	2012-10-31
汽车排气管温差发电节能装置	申磊、张寅博、陈文、王骏、罗勇民、陈忠	200920182950.5	2010-06-16
GaN 基多量子阱结构的高亮度发光二极管及其制备方法	刘宝林、李晓莹	200910112086.6	2011-06-08
一种 GaN 基多量子阱超辐射发光二极管及其制备方法	刘宝林、朱丽虹	200910111881.3	2011-01-05
一种芯片式铷灯	郭航、骆明辉、陈杰	200910111376.9	2010-08-25
一种芯片式铷滤光泡	郭航、王盛贵、林立伟	200910111374.X	2011-09-07
一种芯片式铷吸收泡	郭航、王盛贵、骆明辉	200910111375.4	2010-12-01
全息光栅型 1×2 分波器	任雪畅、刘守、张向苏、王灿辉	200920136402.9	2009-10-28
一种微米级手术刀	郭航、邹黎明、杨慧、骆明辉、林立伟、武敬	200810180517.8	2010-08-11
温差发电型汽车节能减排器	张寅博、申磊、王骏、陈文、徐晓峰、陈忠	200820146150.3	2009-07-22
微波陶瓷元器件半成品微调仪	肖芬、杨国山、郑建森、张邦成	200820102629.7	2009-06-24
一种全息枪瞄光路装置	张向苏、刘守	200820102288.3	2009-01-28
抽屉式蒸煮微波炉	肖芬、张邦成、冯晶天、陈松	200820102179.1	2009-03-04
蒸煮式微波炉	肖芬、杨国山、郑建森、熊兆贤	200810070992.X	2009-10-21
一种阵列式微谐振腔可调集成光学滤波器	孙志军	200810070878.7	2009-12-30
一种氮化镓基外延膜的制备方法	刘宝林、黄瑾、郑清洪	200810070780.1	2009-08-26
镓极性氮化镓缓冲层的生长方法	刘宝林、郑清洪、黄瑾	200810070781.6	2009-11-04

续表

专利名称	专利发明(设计)人	专利号	授权日期
多晶硅太阳能电池织构层的制备方法	陈小韵、刘守、张向苏、任雪畅	200810070747.9	2010-10-13
硅片单面漂浮腐蚀装置	张玉龙、李燕飞	200720009356.7	2008-11-26
用于微波炉的快速加热器	肖芬、张邦成、杨国山、郑建森	200720009283.1	2008-10-15
一种氮化镓基发光二极管外延片结构及其制备方法	刘宝林、张保平、朱丽虹	200710009956.8	2009-06-03
一种 p-GaN 低阻欧姆接触的制备方法	刘宝林、张保平、尹以安	200710009955.3	2009-07-15
无应变 InAlGaN/GaN PIN 光电探测器	刘宝林、张保平、毛明华	200710009957.2	2009-09-23
一种面向集成光路的长程表面等离激子波导及其制造方法	孙志军	200710009307.8	2009-04-15
多晶硅的除硼方法	陈朝、庞爱锁	200710105965.7	2009-03-25
一种 δ 掺杂 4H-SiC 雪崩紫外光电探测器及其制备方法	吴正云、朱会丽、陈厦平、张峰	200710008793.1	2009-07-15
用于紫外光探测器的双层减反射膜及其制备方法	吴正云、张峰、朱会丽	200710008768.3	2008-12-31
低位错密度锗硅虚衬底的制备方法	李成、蔡坤煌、张永、赖虹凯、陈松岩	200710008498.6	2008-12-31
微波多参数测量装置及其检测方法	肖芬、倪祖荣、林国春、花健敏、王冬	200710008422.3	2009-01-21
微波网络分析仪	倪祖荣、王陈宁、钟金水、林国春、陈国龙、郭生士、郑振耀、肖芬	200720006031.3	2007-12-19
δ 掺杂 4H-SiC PIN 结构紫外光电探测器及其制备方法	吴正云、陈厦平、朱会丽、卢嵩岳、李凌	200610135372.0	2008-11-18
4H-SiC 雪崩光电探测器	吴正云、朱会丽、陈厦平	200620156550.3	2008-01-02

续表

专利名称	专利发明(设计)人	专利号	授权日期
4H-SiC 雪崩光电探测器及其制备方法	吴正云、朱会丽、陈厦平	200610135353.8	2009-02-18
表面光伏谱前置放大器	蔡加法、陈主荣、吴正云	200620156385.1	2007-10-31
减少 ICP 刻蚀 SiC 表面损伤的方法	吴正云、吕英	200610135226.8	2009-08-26
微波陶瓷材料快速检测装置及其检测方法	肖芬、陈赐海、黄振宇、刘同赞、杨国山	200610141756.3	2008-08-20
微波陶瓷材料快速检测夹具	肖芬、董晓盈、王志泉、郑敏杰、李超	200620149287.5	2007-10-03
组合光学元件全息图制作装置	张向苏、刘守	200610122342.6	2009-02-18
制作光子晶体的无透镜光学装置	张向苏、刘守	200610122343.0	2008-12-10
一种基于金属微纳米结构的光学分束器及其制造方法	孙志军	200610111316.3	2008-07-16
树叶脉络形大功率氮化镓基发光二极管芯片的 P、N 电极	刘学林、康俊勇	200610092944.1	2008-11-26
微波共面波导测试夹具	肖芬、骆超艺、陈锐	200620002593.6	2007-01-31
微波陶瓷元器件检测夹具与装置及其检测方法	肖芬、骆超艺、陈锐	200610005249.7	2008-11-26
集成电路反剥离光刻方法	钟灿、林凡、李静、吴孙桃、罗仲梓	200510048367.1	2008-11-26
一种非线性校正的 CMOS 集成温度传感器	林凡、吴孙桃、郭东辉	200520006611.3	2007-01-10
一种开管锌扩散方法	肖雪芳、谢生、陈朝、陈良惠	200510129962.8	2008-05-21
CMOS 硅双光电探测器	陈朝、卞剑涛	200510118918.7	2008-02-20
牙科根管长度测量仪	林之融、林晨、陈作良	200510091888.5	2008-03-26
热水温差电照明器	陈忠、陈允成、吕迎阳、林玉兰、梁广	200520105040.9	2007-04-11

续表

专利名称	专利发明(设计)人	专利号	授权日期
制备发光二极管光子晶体的装置	张向苏、刘守、刘影	200520109672.2	2006-10-04
在发光二极管中制备光子晶体的方法及其装置	张向苏、刘守、刘影	200510078438.2	2008-02-20
纳米级高分辨应力测量方法	蔡端俊、徐富春、康俊勇	200510078721.5	2009-09-09
1052 nm 连续波瓦级 Nd：YAG 全固体激光器	蔡志平、汪玉树、陈昭炫、邱万兴	200510078731.9	2007-08-15
激光二极管端面泵浦平凸非稳腔激光器	蔡志平、许惠英、马沂	200510078717.9	2007-09-05
一种温差电源	梁广、陈忠、徐晓峰、冯立波、郑振耀、吕迎阳、陈超	200520004707.6	2006-05-03
基于差分混沌频率调制的跳频扩谱通信系统	李晓潮、郭东辉	200410071783.9	2008-01-30
激光全息瞄准光学元件的制造装置	刘守、张向苏、刘影、林凌	200420074252.0	2005-09-14
全息瞄准光学元件及其制造方法与应用	刘守、张向苏、刘影、林凌	200410060150.8	2009-09-30
一种采用纳米级微孔结构光纤的气体浓度传感器	高文秀、许宏高、高向瞳	200410037099.9	2006-04-19
三维光子晶体制备方法及其装置	刘守、张向苏、刘影	200410003007.5	2008-07-30
四束光曝光装置	刘守、张向苏、刘影	200420001973.9	2004-12-29
激光诱导下的氮化镓 P 型有效掺杂制备方法	陈朝、田洪涛	200310121093.5	2006-02-08
激光诱导下的氮化镓 P 型欧姆接触制备方法	陈朝、田洪涛	200310121092.0	2006-02-08
无痛给药装置	高文秀、郑川、高向瞳	3123587.5	2005-09-14
数显真空管测试仪	张清辨	3256677.8	2003-04-21
袖珍耐压绝缘测试器	张清辨	3251520.0	2004-05-05

续表

专利名称	专利发明(设计)人	专利号	授权日期
袖珍高压真空管测试仪	张清辨	03124081.X	2005-11-09
InGaAs/InPPIN 光电探测器及其制造工艺	陈朝、刘宝林	2154606.1	2005-02-09
微波标量网络分析仪	肖芬、倪祖荣、林国春、花健敏、王东	2259367.5	2003-10-08
微波自动测量装置	肖芬、倪祖荣、林国春、花健敏、王东	2147659.4	2004-09-29
菲涅尔全息型密集波分复用器及其制造装置	刘守、张向苏、刘川、任雪畅	2241072.4	2003-11-05
菲涅尔全息型密集波分复用器的制造方法	刘守、张向苏、刘川、任雪畅	2124993.8	2006-05-17
用于计算机以太网通信的 10Mbps 光纤收发器	陈朝、夏德昊、刘宝林、陈松岩	99244573.6	2000-06-24

二、鉴定项目

院/系历年鉴定项目统计表

鉴定项目	申请人	鉴定者	时　间
GaP 欧姆接触电极制备	林秀华	江西省电子局	1987 年
MW-1 型微波测厚仪	李焯、杨进城、钟茂声、吕文选	厦门市科委、厦大	1987 年
EJL-1 波导 CO_2 激光治疗仪	周世昌、陈主荣、黄元庆等	厦门市科委、厦大	1987 年
低剂量 X 射线探测仪	邱万兴、冯政新	厦门市科委	1990 年
便携式大功率 YAG 激光治疗仪	邱万兴、冯政新	厦门市科委	1991 年
GaP：(N,Bi) 中等电子掺杂剂和激发速率对光致发光的影响	江炳熙、林秀华	厦门大学	1991 年
计算机通讯神经网络纠错与保护技术	吴伯僖、郭东辉、刘瑞堂、陈振湘	福建省科委	1993 年

续表

鉴定项目	申请人	鉴定者	时 间
中等能粒子与原子核的相互作用	谭振强、林仲金、吴宗恩、俞曙霞、严邦宁、黄祥忠	广西壮族自治区教委	1993 年
加密码全息防伪标识的研究及其应用	刘守、张向苏、赖虹凯	国家教委	1994 年
ZD 闪耀彩虹全息照相技术	刘守、张向苏、赖虹凯	国家教委	1994 年
光栅光谱编码多方位彩饰母板的全息摄制技术	刘守、张向苏、赖虹凯	国家教委	1994 年
单光束编码彩虹全息图的相干拷贝	刘守、张向苏、赖虹凯	福建省科委	1994 年
《计算机辅助大学物理教学》系列软件中的“保角变换”与“δ 函数”课件	骆万发、黄海	国家教委	1994 年
非破坏性研究半导体材料性质与参数	刘士毅、沈颢华、朱文章、陈朝、颜永美、张声豪、吴孙桃	国家科委	1997 年
用计算机莫尔技术制备隐形全息密码的技术研究	张向苏、刘守、赖虹凯	国家教委	1997 年
非相干光彩色编码的 2D 彩虹全息图光刻胶版的拷贝技术	赖虹凯、刘守、张向苏	国家教委	1997 年

三、著作权项目

院/系历年著作权登记统计表

著作权名称	登记号	登记日期	[illegible]
财务报表软件识别系统	2019SR0167495	2019-02-21	[illegible]文斌
基于 Matlab 的高光谱数据处理分析软件	2524946	2018-03-22	肖瑶、吕毅军、金剑、郭自泉、朱丽虹、高玉琳、林岳、陈国龙、陈忠

续表

著作权名称	登记号	登记日期	完成人
基于核磁共振的乳液液滴大小分布计算软件	2399680	2018-01-29	崔晓红、王诚、杨钰
开发性实验室共享与服务管理平台	2018SR1035617	2018-12-19	陈晓航、姚真瑜、赖志南
交通事故软件测算系统[简称:事故通系统]V1.0	2210154	2017-11-14	郑金成、候文斌、赖华平、杨伟澜
智能催化装置控制软件[简称:ICCS]V1.0	2133443	2017-09-26	张玉璐、陈志伟
安捷伦核磁共振谱仪梯度匀场实验数据处理软件 V1.0	2017SR352322	2017-07-07	孙彬、陈志伟
探地雷达逆时偏移成像衰减补偿处理软件 V1.0	2017SR296135	2017-06-21	孙亚飞、刘海、柳清伙、龙志军、夏蕙琰
安捷伦核磁共振谱仪梯度匀场实验数据处理软件 V1.0	2017SR206758	2017-05-25	孙彬、陈志伟
核磁共振谱图输出软件 V1.0	2017RS204836	2017-05-24	刘云龙、周雅萌、陈志伟
基于 Delphi 的 HDF5 文件编辑器软件 V1.0	2016SR231695	2016-08-24	肖瑶、吕毅军、肖菁菁、朱丽虹、高玉琳、林岳、陈国龙、陈忠
核磁共振谱峰可视化归属软件 V1.0	2016SR178801	2016-07-13	郑旭娟、董继扬
多通道温度测试系统 V1.0	2016SR178901	2016-07-13	肖菁菁、吕毅军、郑莉莉、严威、陈国龙、朱丽虹、高玉琳、陈忠
LED 芯片表面亮度分析系统软件 V1.0	2016SR120655	2016-05-27	严威、吕毅军、肖菁菁、郑莉莉、高玉琳、朱丽虹、陈忠

续表

著作权名称	登记号	登记日期	完成人
低温光谱测试系统 V1.0	2015SR289712	2015-12-30	吕毅军、肖菁菁、严威、郑莉莉、陈国龙、朱丽虹、高玉琳、陈忠
基于 Android 的宽带无线多媒体集群系统终端软件 V1.0	2015SR223840	2015-11-16	冯超、唐余亮、谢平家、林志彬
超快速磁共振成像数据处理软件 V1.0	2015SR207590	2015-10-28	陈林、黄建攀、张婷、马峻嶒、蔡聪波、蔡淑惠
多路 LED 老化实验光谱自动测试系统 V1.0	2015SR192674	2015-10-09	肖菁菁、吕毅军、严威、郑莉莉、陈国龙、朱丽虹、高玉琳、陈忠
快速陈列综合技术软件 V1.0	2015SR163390	2015-08-24	刘颜回、游鹏飞、孙彬、杨晶、陈树林、白晶晶、黄鑫
LED 颜色空间分布测量软件 V1.0	2015SR127478	2015-07-08	姚琦、吕毅军、肖菁菁、严威、陈国龙、朱丽虹、高玉琳、陈忠
基于 Java 的 DICOM 图像浏览器	2014SR168035	2014-11-04	黄鑫、陈志伟
基于 iPad 的 DICOM 图像浏览器	2014SR126144	2014-08-22	杨帆、陈志伟
快速 NMR 数据处理软件	2014SR126150	2014-08-22	韦芝良、黄炳洁、李灵至、刘运惜、王楚楚、林良杰、林雁勤、陈忠
iPad 核磁共振文件管理系统	2014SR048251	2014-04-23	李淇越、钟彩娇、陈志伟、陈忠
蛋白质动力学模拟软件	2014SR017052	2014-02-13	黄艳东、帅建伟

续表

著作权名称	登记号	登记日期	完成人
多功能自动化 HR4000LED 光谱测试系统	2014SR015605	2014-02-11	薛睿超、吕毅军、肖菁菁、郭自泉、高玉琳、朱丽虹、陈国龙、陈忠
LED 光强角分布测量软件	2013SR120182	2013-11-06	陈国龙、姚琦、吕毅军、林思棋、郭自泉、高玉琳、朱丽虹、陈忠
基于空间编码的超快 NMR 谱处理软件	2013SR081836	2013-08-07	张志勇、钟彩娇、陈浩、陈忠、蔡淑惠
代谢组学数据挖掘软件	2013SR060215	2013-06-21	董继扬、周玲、邓伶莉
iPad 核磁共振数据处理软件	2013SR028942	2013-03-28	李淇越、陈志伟、陈忠
光电探测器绝对光谱响应及校准测量软件	2013SR018298	2013-02-28	吕毅军、朱丽虹、陈国龙、薛睿超、高玉琳、陈忠
脉冲法 LED 热阻测试系统	2013SR018568	2013-02-28	吕毅军、高玉琳、朱丽虹、薛睿超、陈国龙、陈忠
控温 LED 恒流及脉冲特性可编程自动测试系统	2013SR018479	2013-02-28	薛睿超、吕毅军、高玉琳、朱丽虹、陈国龙、陈忠
控温 LED 电特性可编程自动测试系统	2012SR062444	2012-07-12	薛睿超、黄怡、吕毅军、高玉琳、朱丽虹、陈国龙、陈忠
太阳能电池计算模拟软件	2011SR034301	2011-06-03	陈朝、张寅博、潘淼、郑兰花、程翔
空间编码单扫描快速采样二维核磁共振信号处理软件	2010SR055393	2010-10-21	蔡淑惠、赵明芳、陈忠

续表

著作权名称	登记号	登记日期	完成人
太阳能电池计算模拟软件	2010SR030286	2010-06-23	陈朝、张妹玉、汪猛、张寅博、程翔、潘淼
核磁共振谱仪控制和数据处理软件	2010SR005719	2010-01-29	陈志伟、庄佳和、陈源恩、李陈陵、康洋、江向民、肖策、倪开荣、张太彪、陈忠、曾文华、郑德政、方超、张冬
图形化核磁共振脉冲序列设计器软件	2010SR005718	2010-01-29	方超、陈志伟、陈忠
磁共振模拟仿真平台 V1.0	2009SR054961	2009-11-26	蔡聪波、陈忠
核磁共振代谢组学数据处理软件 V1.0	2009SR054958	2009-11-26	董继扬
LED 色度参数计算及光谱设计软件 V1.0	2009SR054963	2009-11-26	吕毅军、林岳、陈焕庭、高玉琳、陈忠

附录三　校友及企业捐赠

一、奖/助学金

物理科学与技术学院奖/助学金一览表

奖　项	设立人	每年名额	立项年份	每人获奖金额
谢玉铭奖教奖学金	邵建寅(1947届机电系友) 周泳棠(1948届机电系友)	2人(物理系)	1991—2018	1600元(2012年以前) 2500元(2013年起)
林仪贞奖学金	徐其礼(1948届机电系友)	2人(物理系)	2003—2017	1600元
89学友奖学金	物理系1989级校友	2人(物理系)	2005—2010	2000元
86物理学友奖学金	物理系1986级校友	5人(物理系)	2007年	2000元(2007—2013) 3000元(2014年起)
蔡文种奖学金	物理系1976级校友蔡方生; 泉州宝隆机械有限公司董事长	42人(物理系)	2007年	每年10万元 特等奖2人/5000元 一等奖10人/3000元 三等奖30人/2000元 2009年起,一等2人/10000元
"78学友"奖学金	物理系1978级校友	5人(物理系)	2008年	2000元
中科院上海天文台光启奖学金	中科院上海天文台	13人	2016-04	每年5万元 一等奖2人,6000元 二等奖5人,4000元 三等奖6人,3000元
纪念谢希德专项奖学金(10万元)	吴伯僖(物理系原主任)	3人(物理系)	2019-02	8500元(3人,2019年) 14000元(3人,2020年)

续表

奖 项	设立人	每年名额	立项年份	每人获奖金额
刘晓数理电子科学奖(100万美金)	刘晓(物理系1980级校友)	8人	2020-11	每年奖金26万元,分为科研类、教学类和科创类
陈智松拔尖人才培养基金奖项(1000万元)	陈智松(物理系1980级校友)	30～50人(学生) 20人(教师)	2020-12	每年奖金200万元,分为学生类100万元和教师类100万元
涂庆镇物理科创奖学金(100万元)	涂庆镇(物理系1982级校友)		2021—2036	每年奖金6万元
德富勤奖学金	德富勤照明科技有限公司	10人	2009—2013	1500元(6人,本科生) 2000元(4人,研究生)
"Seeds 科技"奖学金	2004级机电系张立君等	4人	2013—2017	5000元(2013—2015) 2000元(2016—2017)
华益通奖学金	厦门华益通精密机械设备有限公司	15人	2012-03—2017-02	每人2000元
鑫晟钢业奖学金	福建鑫晟钢业有限公司	11人	2012—2014	每人2000元,共22000元
鑫晟钢业助学金	福建鑫晟钢业有限公司	12人	2012—2014	一等6人(每人5000元);二等6人(每人3000元)共48000元
新麒麟机械奖学金	漳州市长泰新麒麟机械有限公司	8人	2012—2014	每年5万(奖学金4万,科创1万)
新麒麟机械助学金	漳州市长泰新麒麟机械有限公司	6人	2012—2014	一等3人(每人5000元);二等3人(每人3000元)共24000元
菲达阀门奖学金	福建菲达阀门有限公司	8人	2012—2014	每人2000元,共16000元
菲达阀门助学金	福建菲达阀门有限公司	6人	2012—2014	一等3人(每人5000元);二等3人(每人3000元)共24000元
维晶光电科技奖学金	维晶光电科技集团	7人	2012—2014	每人2000元,共14000元

续表

奖　项	设立人	每年名额	立项年份	每人获奖金额
维晶光电科技助学金	维晶光电科技集团	4人	2012—2014	一等2人(每人5000元);二等2人(每人3000元)共16000元
“艾而丹”光电技术奖学金	福建艾而丹光电科技有限公司	15	2012—2014	每年3万元，每人2000元
萨本栋奖教奖学金	周詠棠(1948届机电系友)	2人(机电系)	2000年	1600元
朱家忻奖教奖学金	邵建寅(1947届机电系友)	2人(机电系)	2000年	1600元(2000—2012) 2500元(2013—2015)
陈炳杰奖教奖学金	厦门太古公司陈炳杰	6人(航空系)	2000年	1000元
周詠棠励志助学金	周詠棠(1948届机电系友)	10人	2015年	2000元

备注:2015年航空航天学院成立,2017年电子科学与技术学院成立,相应奖项归属到以上两个学院评选。

二、实物捐赠

物理科学与技术学院校友实物捐赠一览表

项　目	出资人	年　份
嘉庚四号楼·祖营楼	菲律宾华侨洪文炳先生(吴伯僖推动捐献)	2000年
亦玄馆	邵建寅(捐献及推荐捐献)	2002年
谢希德铜像	厦门大学上海校友会	2011年

附录四 部分杰出院/系友

谢希德

谢希德(1921—2000),女,福建泉州人,固体物理学家、教育家、社会活动家,中国科学院学部委员(院士)、第三世界科学院院士、美国文理科学院外籍院士,复旦大学原校长,上海杉达学院原校长。1946 年从厦门大学数理系毕业后进入上海沪江大学任教;1947 年赴美国史密斯学院留学;1949 年获得硕士学位后转入麻省理工学院专攻理论物理;1952 年回国并被分配到上海复旦大学物理系任教授,参加该大学与中国科学院上海分院联合主办的技术物理研究所,并任该所副所长;1980 年当选为中国科学院数理学部委员;1981 年获美国史密斯学院、美国纽约学院荣誉博士学位;1983 年 1 月出任复旦大学校长;1989 年当选为第三世界科学院院士;1990 年当选为美国文理科学院外籍院士。

曾融生

曾融生(1924—2019),男,出生于福建省福清县(现福清市),我国著名固体地球物理学家,中国科学院院士,国务院学位委员会第二、三届学科评议组成员,第二、三届国家自然科学奖励委员会委员,原国科联岩石圈委员会中国全国委员会深部构造工作组组长、中国地球物理学会副理事长、中国地震学会理事、中国地震局地球物理研究所研究员。1946 年毕业于厦门大学数理系,著有《固体地球物理学导论》一书。1980 年当选为中国科学院院士(学部委员)。2019 年 10 月 22 日,在北京逝世,享年 95 岁。

许居衍

许居衍,1934 年 7 月 9 日出生,男,汉族,福建闽侯人,微电子技术专家,中共党员。1957 年毕业于厦门大学半导体物理专业。曾任电子部第 24 研究所、中国华晶电子集团公司总工程师，现任中国电子科技集团第 58 研究所名誉所长、中国半导体行业协会荣誉顾问。在参与、组织中国第一块硅平面单片集成电路的研制定型和主持、参与计算机辅助制版系统及离子注入技术的基础研究中，以及在集成电路工程技术的研究方面做出了创新性贡献。在微电子工业技术经济研究方面发表了不少有助于创立和健康发展中国集成电路工业的独到见解。1995 年当选为中国工程院院士。

上官世盘

上官世盘，男，1936 年 10 月 12 日出生于福建省长汀县，教授级高级工程师。1958 年毕业于厦大学物理系；1958—1975 年，在中国酒泉卫星发射中心工作；1991—1995 年，在中国西安卫星测控中心工作；1995 年至今，任中国广播卫星公司副董事长、董事长，中国西安卫星测控中心司令(军职少将军衔)。曾任中国国防科学技术工业委员会作战试验部长、中国卫星发射测控系统部部长兼总工程师、陕西省八届人大常委、中国广播卫星公司副总裁等职。其为中国国防现代化做出过重要贡献。在中国航天产业的改革开放、中国卫星发射测控系统部、引进先进技术等做出过重大贡献，他还是组织指挥第一颗国际卫星——亚洲一号的现场最高指挥官，为这颗卫星的成功发射做出过重大贡献。

卞伯达

卞伯达，男，1934 年 9 月 21 日出生于江苏省武进县(现武进区)前黄镇李园村。1956 年毕业于厦门大学物理系，1956—1960 年在厦门大学任助教，1960 年起在福州大学任讲师、副教授、教授，1984—1991 年任厦门大学物理系副主任、主任，1987 年起任中国物理学会第四、五、六届理事，1991 年起任中国物理学会教学委员会委员、高等工科院校教学委员会委员，1984 年起任福建省物理学会第三、四、五、六届副理事长兼秘书长。在国内外杂志上发表论文 30 余篇，主编《从高考到奥赛：物理学》书 1 部。获福建省科技进步奖三等奖 1 项，福建省自然科学优秀论文二等奖 1 项。1996 年被评为第二届中国科学技术协会先进工作者。

蔡方生

蔡方生，男，1954 年出生，福建泉州人，1980 年毕业于厦门大学物理系。现任厦门高斯康汽车零配件有限公司董事长。曾任中国电子学会元器件专业委员会委员、国家计委 863 计划项目主要负责人。科研成果获福建省科技进步奖二等奖、三等奖，泉州市科技一等奖。1992 年开始创业，先后单独或与他人合作创办了泉州宝隆机械有限公司、厦门金宝隆机电有限公司、厦门高斯康汽车零配件有限公司。2018 年被母校电子科学与技术学院聘为兼职教授。他十分关心母校的发展，设立蔡文种奖学金项目，每年捐献给厦门大学物理科学与技术学院等 3 个学院 30 万元奖学金。

蔡清福

蔡清福，男，1942 年 1 月生于福建省晋江市，汕头市超声仪器研究所科技信息研究室主任。1964 年 7 月毕业于厦门大学物理系物理学专业。30 多年来翻译各种科技资料 2000 多万字，发表论文和译文 50 多篇，同他人合作或独自翻译 5 本科技图书。1988 年被评为首批汕头市优秀专家、拔尖人才，1994 年被评为汕头市劳动模范和广东省劳动模范，并被国务院批准为享受政府特殊津贴的有突出贡献的专家。参加研制的“超声诊断仪”等，多次获得机械工业部、广东省的科技进步奖，1994 年获得汕头市科技进步突出贡献奖一等奖，1995 年获得国家科技进步三等奖。

蔡望怀

蔡望怀，男，1938 年 9 月出生，福建厦门人，中共党员。曾任厦门市副市长、厦门火炬高新技术产业开发区管委会主任、厦门市政协主席、第九届全国政协委员。1960 年 8 月参加工作。1955 年 8 月至 1956 年 9 月在北京石油学院地球物理专业学习；1956 年 10 月至 1960 年 8 月在厦门大学物理系学习。1984 年 3 月任厦门市政府副秘书长；1986 年 7 月任厦门市教委主任、党组副书记；1987 年 12 月任厦门市政府副市长。曾兼任厦门火炬高技术产业开发区管委会主任、厦禾路旧城改造指挥部常务副总指挥。1992 年 12 月起任第八、九届厦门市政协主席、党组书记；1999 年 3 月当选全国政协第九届委员会委员。2010 年 2 月被聘任为国务院参事室特约研究员。

蔡跃明

蔡跃明，1982年毕业于厦门大学物理系，解放军理工大学教授博导，副军级文职，全军优秀教师。

蔡忠岗

蔡忠岗，男，汉族，1943年1月18日出生，福建厦门人。1965年厦门大学物理系半导体物理专业毕业。曾任中国电子进出口北京公司副总经理（北京市政府任命副司局级）、高级工程师。1972年到1980年在北京市电子工业公司技术部门工作，负责北京市电子工业企业的发展规划和新产品管理工作。1980年起在中国电子进出口北京公司工作，主要的工作是开展工业部门的对外经济和技术合作以及相关的外商投资企业的管理。

陈传鸿

陈传鸿，男，1939年3月出生，福建福州人。1958年考入厦门大学物理系，1960年5月加入中国共产党，1962年8月毕业后留校任教，历任副教授、教授、物理学系主任、校务委员会委员等职。1995年5月任校党委副书记（主持工作），1997年7月任校党委书记；1999年4月任厦门大学校长，兼任研究生院院长。他还曾担任福建物理学会理事，厦门物理学会副理事，福建省留学生同学会副会长，福建省第八届政协委员，厦门市第十二届人大代表，厦门市科学技术协会原主席、名誉主席等职务。

陈珊珊

陈珊珊，中国人民大学物理系教授，2005年毕业于厦门大学物理系，长期致力于开展新型二维纳米材料的可控制备、物性表征及器件应用研究。近几年在 *Nature Materials*、*Nature Communications* 等国际期刊上发表了30多篇SCI研究论文，论文被包括 *Nature*、*Science* 在内的SCI收录论文他引2039多次，个人一作单篇最高引用418次。其中有9篇论文入选ESI数据库近10年以来高被引论文（Highly Cited Paper），两篇个人一作论文入选2013年ESI近两年全球最有影响力论文（Hot Paper）。2013年获全国百篇优秀博士学位论文奖。

陈少杰

陈少杰,1985年毕业于厦门大学物理系,厦门大学旅港校友会金融分会会长,泛亚金融控股执行董事。

陈廷杰

陈廷杰,男,1934年10月出生,福建龙海人。1957年毕业于厦门大学物理系半导体物理专业。曾任中国科学院半导体所研究员,是我国半导体制冷技术的创始人之一。1963年他研制成功我国第一台半导体冰箱,获国家级奖。1991年获中科院科技进步奖三等奖。在半导体物理基础研究方面,在半导体GaAs中残留受主BA、DA发光峰的研究中,首次测定了其电子、声子耦合强度的黄昆-李爱夫因子,该成果获中科院重大成果三等奖(1981年)。近年来组装了智能化的半导体材料性能测试(PL,OTCS,DLTS等)的计算机数据采集测试系统。发表论文50余篇。

陈智松

陈智松,男,1966年出生,本科学历,工程师。1984年毕业于厦门大学物理系,从事通讯技术行业多年。1984年至1992年任职于北京市第三机械工业部计量测试研究所;1993年至2000年任职于厦门中科大辰信通迅产业有限公司,历任董事、副总经理;作为公司的创始人之一,2001年至2012年5月任厦门亿联网络有限公司执行董事、总经理;2012年6月至今任公司董事长。

戴念祖

戴念祖,男,1942年10月出生于福建长汀,1960年毕业于长汀一中,1964年毕业于厦门大学物理系,此后一直在中国科学院自然科学史研究所工作。1986年起,历任副研究员、研究员,曾任该所物理学史和化学史研究室主任,《物理通报》、《自然科学史研究》和《力学与实践》等杂志编委、常务编委或顾问编委。长期从事科学史研究,专长物理学史,先后出版的主要著作有《朱载育:明代的科学与艺术巨星》《中国古代物理学》《物理学与机械志》《文物与物理》《中国科学技术史·物理学卷》等;曾主编《〈原理〉:时代的巨著·纪念牛顿〈原理〉出版300周年文集》《20世纪上半叶中国物理学论·文集粹》等。曾先后3次获中国科学院自然科学奖，1978年被评为中国科学院先进工作者，1986年被授予中国科学院有突出贡献的中青年专家称号。

单河清

单河清，男，汉族，1934年5月出生，福建浦城观前人，研究员。1958年厦门大学物理系本科毕业，后在航空航天部北京卫星信息工程研究所从事计算机研究工作。共发表译文50余万字，论著40余篇及翻译内部资料60余万字，所研制的科研成果获部、院科研成果奖一等奖1项、二等奖两项、三等奖3项、嘉奖两次。主要研制的科研成果有“宇航员心电图、脑电图医务监督系统软件”“在B1955机上研制的电子轴邮件系统软件”“五院机关局部岗动态数据库信息大屏幕显示系统软件”“数据库结构传换和数据系统”。主要译文有《1990系列EMA手机》《1971磁带手册》《极小多道联机系统程序设计》。主要论著有《磁带的探索：磁带使用与维护》《论一种高功能综合性科学语言——EMA水星语言在我国推广应用的价值》等。

高怀蓉

高怀蓉，女，1916年1月出生，江苏常熟人。1941年上海交通大学电机系电讯专业毕业后，留校任教。1952年奉命调入厦门大学任教。1954—1956年赴清华大学电真空教研组进修。1956年回厦门大学物理系，当年负责建立电子物理教研组，任组长，并建立电子管试制车间。1960年连同教研组及车间调入福州大学物理系，仍任组长。1979年开始任两届福建省政治协商会议常委。1984年加入中国共产党。被英国剑桥国际传记中心的《世界杰出妇女名录》、美国《马奎斯世界名人录》等收录。

洪明辉

洪明辉，1985年毕业于厦门大学物理系，新加坡国立大学终身正教授(现任新加坡厦门大学校友会名誉理事、曾任校友会秘书长)，苏州工业园区新国大研究院首席研究员，厦门大学航空航天学院激光应用中心荣誉主任/博士生导师，曾任新加坡国立大学工学院助理院长，后当选新加坡工程院院士。2015年年初，受聘厦门大学闽江学者讲座教授并担任厦门大学航空航天学院激光应用中心荣誉主任。在一系列高水平国际期刊上发表500多篇学术论文。和其他人合作开发的多项创新技术正在实现成果转化,其中部分成果于2016年入选中国工程院和英国皇家工程院共同推荐的中英联合科学创新基金(牛顿基金)创新领军人才联合培养项目。

洪慧民

洪慧民,男,1962年12月出生,汉族,福建南安人。1982年毕业于厦门大学物理系,研究生学历,工学硕士学位,教授,民建成员,1985年6月参加工作。1996年7月至2000年4月任南京理工大学经济管理学院副院长,1998年5月晋升教授。2000年至2002年任江苏省监察厅副厅长,2018年1月至今任民建中央常委、江苏省主委、江苏省政协副主席。

洪水力

洪水力,男,1936年2月出生,福建同安人,福州大学教授。1955年考入厦门大学物理系,毕业后于1960年考取北京大学物理系,攻读半导体物理专业研究生。1963年到刚创办的华侨大学任教。1970年调福州大学任教。长期从事半导体材料和器件,激光晶体和非线性光学晶体光谱学的教学和研究工作。1976年成功研制锗晶体管的表面钝化剂"766硅脂",获四机部科学技术奖。1995年以来分别受聘为美国传记研究所的特约研究顾问和中国国际交流出版社(香港)的特约顾问编委。

洪晓瑜

洪晓瑜,男,1961年出生,福建南安人。1982年毕业于厦门大学物理系物理学专业,获学士学位。现为中国科学院大学博士生导师,曾任上海天文台台长,研究员,中科院"上海佘山VLBI射电天文观测基地"首席科学家,中科院月球与深空探测总体部副主任。从事射电天文研究,主要利用VLBI技术研究活动星系的致密结构。在"嫦娥"系列绕月探测工程中,贡献突出,获得多项荣誉。曾带领上海天文台获得全国五一劳动奖,个人获得国家绕月探测突出贡献先进个人称号和国家科技进步奖特奖。

洪永淼

洪永淼，现任美国康奈尔大学经济学系及统计科学系终身教授，厦门大学王亚南经济研究院院长，厦门大学经济学院院长，厦门大学“长江学者”讲座教授。1985年毕业于厦门大学物理系，获物理学学士学位。1988年毕业于厦门大学经济学系，获经济学硕士学位。1993年毕业于美国加州大学圣地亚哥校区经济学系，获经济学博士学位。2001年7月至今，任康奈尔大学经济学系及统计科学系终身教授。2002年3月至今，任康奈尔大学金融工程中心教授。2003年3月至今，成为清华大学中国金融研究中心兼职研究员。2003年3月至今，任上海大学国际工商管理学院兼职教授。2004年12月至今，任中国科学院数学与系统科学研究院兼职教授。2010年11月至2020年12月，任厦门大学经济学院院长。

姜　捷

姜捷，男，1966年8月出生，1988年毕业于厦门大学物理系，获学士学位。1988年加盟德赛的合资公司——中欧电子工业有限公司；1992年，加盟德赛集团；1993年4月，任德赛集团副总裁助理；1996年5月，任德赛集团下属合资企业唐德电子(中国)有限公司副总经理；1996年10月，任德赛集团总裁助理兼德赛电子工业总公司总经理；1998年12月，任德赛集团副总裁；2001年12月至2015年12月，任德赛集团董事长；总裁；2002年至今担任德赛工业总裁、董事长；2002年4月起，任德赛西威董事。

蒋溪南

蒋溪南，男，高级工程师。1982年1月毕业于厦门大学物理系无线电物理专业，同年留系当助教。1984年调回漳州科龙计算机技术开发公司工作，翌年即出任该公司总经理至今。在有关科技刊物上发表了许多论文，以其精湛的学识与理论结合实际做出了令人赞佩的贡献。曾先后荣获福建省劳动模范和省精神文明先进个人等光荣称号。兼任漳州市科协副主席、市青年厂长经理协会副会长以及市劳模协会副会长等职。现任福建省双菱集团总经理助理。

康　俊

康俊，1988年2月出生，瑞金象湖人。1999—2005年就读于瑞金一中；2005

年考入厦门大学物理系微电子学专业，获理学学士学位；2009 年保送中国科学院硕博连读，在半导体研究所攻读凝聚态物理专业，获得理学博士学位。获 2017 年国家自然科学二等奖，曾在美国劳伦斯伯克利国家实验室材料学部从事博士后研究。

赖虹凯

赖虹凯，1982 年毕业于厦门大学物理学系，厦门大学物理系副教授，长期从事光学、应用光学和光电子学等领域的科研与教学工作及激光全息显示和光学图像信息处理的应用开发，承担和参加多项教育部、福建省及国际合作科研项目，已有 7 项通过教育部和福建省科委主持专家鉴定，获“发明专利”两项，获“实用新型专利”6 项，曾获教育部科技进步奖二等奖、三等奖各一项，获福建省科学技术奖二等奖 1 项，获福建省科技进步奖三等奖 1 项，获厦门市科技进步奖二等奖两项。1999 年至 2007 年任厦门大学物理与机电工程学院党委书记，2008 年至 2020 年 12 月先后任厦门大学副校长、厦门大学党委副书记兼纪委书记、厦门大学党委副书记。

蓝如先

蓝如先，男，1941 年 10 月出生，1965 年 7 月毕业于厦门大学物理系。曾任国防大学军队指挥教研室副教授，副师职，大校军衔，是全军武器装备科技进步奖评审委员会电子作训装备技术评审组评委。主编过《现代军事科技基础知识》《生物武器知识及防护》《战役电子对抗》《战役电子对抗想定》等教材，均已用于教学实践或出版发行。参加了《国防教育指南》《中国军事训练百科全书》等著作的编撰工作。获军队科技进步奖二等奖和三等奖各 1 次。在全军性专业刊物发表学术文章多篇。曾被国防大学评为献身国防教育事业标兵、优秀共产党员，受嘉奖多次，立三等功两次。

廖椿庭

廖椿庭，男，1942 年 9 月出生，福建龙岩人。1964 年厦门大学物理系毕业。地矿部地质力学研究所研究员、地应力与区域地壳稳定性研究中心主任、中国地质科学院科学技术委员会委员、中国地质科学院学位评定委员会委员、地矿部地质力学开放研究实验室副主任。长期从事地质力学的研究工作，专长岩石力学与工程稳定性研究。代表性著作有《金川矿区原岩应力测试与构造应力场》。1985 年获地质矿产部授予的全国地质系统劳动模范，1985 年获全国总工会授予的全国优秀工作者称号和“五一劳动奖章”，1989 年获国务院授予的全国先进工作者称号，获政府特殊津贴，1992 年获人事部授予的国家级有突出贡献的中青年专家称号。

林　冰

林冰，女，汉族，1968 年 8 月出生，硕士（MBA），经济师。1990 年毕业于厦门大学物理系，就职于世界 500 强企业，全球合伙人。曾任福建星网锐捷通讯股份有限公司党委书记、董事、常务副总经理，福建四创软件有限公司董事长。2017 年 6 月 29 日至 2018 年 10 月 23 日任阳光控股有限公司董事长，现任公司董事。

林秀权

林秀权，男，1938 年 10 月出生，汉族，福建惠安人。1960 年 3 月提前毕业于厦门大学物理系。在总装备部（原国防科工委）国防工业出版社任编辑（工程师）、副编审、编审（教授级）等职。任编辑工作期间，已编辑出版各类科技图书 60 多种，并有 10 多种优秀图书获全国及部委级奖励。其中，《卫星地面站天线新技术研究》和《桥函数理论及其应用》、《再入遥测技术》分别荣获全国优秀科技图书一、二等奖；《现代微波网络导论》和《微波有源电路》、《电磁场在生物医学中的应用》分别荣获电子工业部优秀教材一、二等奖。还撰写有关论文及评价文章 20 多篇。

林有亲

林有亲，男，1935 年 12 月出生，福建华安人。1959 年毕业于厦门大学物理系半导体物理专业，同年分配到中国科学院物理研究所，1969 年调入航天工业部陕西骊山微电子公司，1989 年 12 月调入汕头市华汕电子公司工作。原汕头经济特区华汕电子器件公司副总工程师、高级工程师。参加“东风五号”“东风 22 号”等重大国防任务。负责过多项集成电路的设计与研制，其中“LC487 抛撒雷系列电路"获航天工业部科技进步奖二等奖(排名第一);1995 年负责表面安装 SMT 生产线,生产计算机多功能接口 I/O 卡和 486 主机板等计算线路板。1992 年起享受国务院政府特殊津贴。

刘持金

刘持金,1989 年毕业于厦门大学物理系,泛太平洋管理研究中心董事长、中国著名企业管理咨询和管理教育专家,素有 CEO 教练之称。他是《中国企业家》常务理事、《财富》中文版专栏作家。曾担任诺基亚中国公司高级副总裁、爱立信中国公司高级副总裁、美国波士顿咨询集团 CEO 顾问、北京外商投资企业协会副会长、首都企业家俱乐部副主任、哈佛商学院北京校友会主席、亚太经合组织中小企业论坛执行主席,创办爱立信中国学院并任首任院长。

刘瑞堂

刘瑞堂,男,1934 年出生,福建惠安人。1956 年毕业于厦门大学物理系,后留校从事半导体、发光物理的教学和科研工作。曾任厦门大学物理系教授,厦门大学党委副书记、副校长等职,是我国较早从事电致发光研究的学者。曾开展神经网络研究工作,在开拓神经网络光计算领域,尤其是在光学神经网络和光学细胞自动机的结构设计和实现方法方面做出成绩,享受国务院政府特殊津贴。

刘学新

刘学新,男,汉族,1963 年 12 月出生于山东青岛,山东泰安人。1986 年厦门大学物理系毕业。现任中共十九届中央纪委委员,福建省委常委、省纪委书记、省监察委员会主任。

柳清伙

柳清伙,男,1963 年 2 月 4 日出生,福建惠安人。于 1979 年 9 月考入厦门大学物理系学习,1983 年 7 月毕业,获学士学位;同年考取厦门大学物理系硕士研究生,1986 年毕业,获硕士学位;1989 年在美国伊利诺伊大学电机及计算机工程系获博士学位。主要研究领域是应用及计算电磁学和声学、遥感。在此领域已从事了 14 年的研究,在国内外有关刊物发表了 170 多篇论文。获得 1996 年美国总统杰出青年科学家奖(美国政府的最高奖)、1996 年美国环保署青年科学家奖及 1997 年美国国家科学基金会青年科学家奖。现任美国《IEEE 地球学及遥感》的副主编及该学术刊物的客座主编。

钱列加

钱列加,男,汉族,1965 年 12 月 9 日出生,江苏无锡人。1984 年本科毕业于厦门大学物理系。1989 年获中国科学院上海光学精密机械研究所博士学位(与复旦大学联合培养)。国家杰出青年科学基金获得者,2018 年进入国家"万人计划"。2001—2009 年,任复旦大学光科学与工程系教授、系主任(2004—2009)。现任上海交通大学物理与天文学院教授、副院长,激光等离子体教育部重点实验室主任。长期从事超快非线性光学和大型激光工程技术方面的研究工作。共发表 SCIE 论文近 200 篇,被他引 500 余次。授权 1 项美国专利和 15 项国家发明专利。作为主要完成人之一,获国家科技进步奖一等奖和军队系统科技进步奖一等奖各 1 项。2018 年获得"求是"杰出科技成就集体奖。

秦　诚

秦诚,男,教授,汉族,1932 年 12 月出生。1956 年毕业于厦门大学物理系。曾任苏州医院物理教研室主任。兼任中国医学物理学会理事、华东地区医学物理学会副理事长。中国农工民主党苏州医学院总支主任委员。厦门大学苏州校友会副理事长。长期以来从事医学物理学的医学本科生教学,开拓医学与工程学新型边缘学科。根据医学临床诊断治疗需要,曾先后设计 X 线摄影快速换片机、1500 倍斜视显微镜的设计和研制,后发展成核工业部直属 267 厂。为解放军部队设计研制"模拟动物呼吸同步自动采样装置",1983 年荣获"国防科学技术工业委员会三等奖"。1992 年获国家发明专利"节能照明开关自动装置"。发表《激光医学的现状和进展》《医学核磁共振成像》等论文数 10 余篇。1981 年被评为学院先进工作者。曾被聘为江苏省和核工业部高级职务评审委员会委员、国家自然科学基金会项目审批人员等职。

阙友昆

阙友昆,男,1938 年 8 月出生,汉族,福建永定人,研究员。1960 年毕业于厦门大学物理系。此后至1971年在国防科委21基地研究所工作。1964年10月16日,参与中国第一次核武器试验任务。1966年12月28日,参与中国第一次氢弹试验任务。此后一直从事核武器研究工作,多次立功受奖,为中国的国防事业做出一定贡献。1971年3月至1978年5月,在航天航空部061基地从事导弹方面的电子仪器研制工作,多次获先进工作者称号。1978年6月,调到中国科学院参加高能物理所的筹建工作。此后参加北京正负电子对撞机(BEPC)国家重大工程项目的建设和北京谱仪(BES)大型探测器的预制研究以及北京谱仪工程的建造工作。1989年参与北京正负电子对撞机和谱仪建设。20世纪90年代参加北京谱仪的运行数据获取、数据分析和探测器的几次升级改进研究工作。1991—1992年,被国家派往美国费米国家实验室(Fermilab)工作,参加Dzero探测器的建造和调试运行。后来在Dzero探测器上发现顶套克(Top夸克)。

沈鸿元

沈鸿元,男,1937年8月出生,浙江慈溪人。1960年毕业于厦门大学物理系,研究员。中国光学学会光电专业委员会委员、中国物理学会福建分会副理事长、中国光学学会福建分会副理事长、中华医学会福建分会激光医学学会副主任委员。1960年,厦门大学物理系毕业分配到中科院福建物构所;1986年至今,任物构所研究员、室副主任,副所长兼室主任、课题组长、博士生导师。1997年10月应聘为厦门大学物理系兼职教授。主要学术成果:“双激长晶体连续激光器”等10余项科研项目和多篇优秀论文,先后获国家科技进步奖,中国科学院、福建省科技进步奖等多项。已在国内外重要学术刊物发表论文74篇,其中国外刊物20篇。

沈裕丰

沈裕丰,男,1942年11月17日出生,福建诏安人,现任中国人民解放军海军某基地政治委员、党委书记,海军党委委员。1965年8月毕业于厦门大学物理系,并参加中国人民解放军。1970年7月加入中国共产党。历任海军第二航空学校教员、党委秘书,海军司令部办公室第一秘书处秘书,海军直属政治部组织处处长,海军总医院副政治委员、政治委员,海军后勤部政治部主任,海军后勤部副政治委员。1988年9月被授予海军大校军衔,1995年7月晋升为海军少将军衔。第八届全国人民代表大会代表。

翁心桥

翁心桥，男，1934 年 7 月出生于北京市，浙江宁波人。1957 年 8 月毕业于厦门大学物理系，后留校任教，历任助教、讲师、研究室主任、实验中心主任，1980 年 6 月加入中国共产党；1982—1984 年，获厦门市劳动模范称号两次、福建省劳动模范称号 1 次；1983 年 8 月由福建省人民政府授予高级工程师职称；1984 年 8 月任厦门大学副校长。1986 年 3 月至 1998 年 3 月奉调赴新华社香港分社工作，其间历任文化教育部副部长、部长，教育科技部部长，全国人大常委会香港特别行政区筹备委员会预备委员会委员，全国人大常委会香港特别行政区筹备委员会委员。1998 年 3 月调回厦门，任厦门市政协巡视员，同年 4 月退休。

伍水顺

伍水顺，男，1936 年 10 月出生，福建南安人，福州大学研究员。1957 年考入厦门大学物理系，1962 年到福州大学无线电专业复学，毕业后分配到上海电讯器材厂从事技术工作。1974 年调入福州大学，主要从事科研教学工作，课题组 1979 年被评为福州市先进科技集体。担任“闽 76 型花茶窨制联合机”部级重点研究项目副组长，获福州市科学技术成果奖一等奖，商业部 1983 年科技成果奖三等奖。主持“晶体生长高精度温度控制系统”省重点项目，该项目 1994 年通过省科委鉴定居国内领先水平，成果产品 FTC-2 高精度智能控温仪已投放市场创造社会经济效益。发表论文 10 多篇，文章被多种文摘书刊引用，其中《温度补偿电路中值设计法》入选《中国八五科学技术成果选》。

许松茂

许松茂，中国鞋类网上奥特莱斯名鞋库的创始人兼 CEO，厦门市网络零售企业协会(简称厦门 B2C 协会)会长。1983 年毕业于厦门大学物理系，2008 年金融危机席卷全球时，开辟新战场——由外贸转战内销，创办名鞋库网络科技有限公司，开始踏上电商之路。2010 年，仅成立两年的名鞋库年营业额突破 1 亿元，跻身中国鞋类 B2C 前三名。

杨小康

杨小康,1994 年毕业于厦门大学物理系,上海交通大学教授、博士生导师,国家杰出青年科学基金获得者,电子工程系副主任。现任上海交通大学电子学院副院长,上海高校特聘教授(东方学者),电信学院副院长、图像通信所副所长。曾获上海市科技进步奖一等奖(第一完成人)、上海青年科技英才、德国洪堡基金、微软青年教授奖、SPIE 青年科学家奖,入选教育部新世纪优秀人才计划。*IEEE Signal Processing Letters* 编委、*Springer CCIS* 领域编委、*Digital Signal Processing*(Elsevier Press)编委,IEEE 视觉信号处理与通信技术委员会、信号处理系统设计与实现技术委员会委员,IEEE 高级会员,IEEE SiPS2007 及 IEEE BMSB-3DTV2010 大会程序主席。

叶地发

叶地发,男,2005 年毕业于厦门大学物理学系,中国工程物理研究院研究员,北京应用物理与计算数学研究所副研究员,2011 年 12 月至 2012 年 12 月,任德国马普核物理研究所,洪堡学者。获得 2018 年国家优秀青年科学基金,2018 年中国工程物理研究院“十大青年锐杰”称号。前期工作相对集中在两个方面:非序列双电离过程的强关联电子行为;玻色爱因斯坦凝聚体的非线性量子隧穿、干涉、激发等复杂动力学过程。

詹立锬

詹立锬,男,1943 年 2 月 27 日出生于福建省闽清县塔庄镇梅寮村。1963 年 9 月考入厦门大学物理系物理专业。1970 年至 1989 年担任福建漳州市电子工业公司总经理,1990 年至 1996 年担任福建省驻京办副主任,1996 年至 2004 年任福建省供销合作社副主任,2003 年至 2008 年担任福建省茶叶协会会长,2008 年 10 月福建省茶叶协会并入海峡茶业交流协会任副会长兼中国茶叶流通协会副会长。长期从事经济管理与研究,任职期间,结合实际先后撰写并发表了《深化供销社改革之浅见》《重塑供销社工业新形象》《发挥供销社作用,推进农业产业化》《在农业产业化中实现回归和复兴》等论文,对指导福建省供销合作社工作起到了积极作用。

张金錶

张金錶，男，1938年10月出生，福建永春人。1962年毕业于厦门大学物理系无线电发射专业。现为国营北京广播器材厂技术开发中心电视调频研究所教授级高级工程师，北京市电子协会会员、专家。1993年起享受政府特殊津贴，1995年晋升为教授级高级工程师。20世纪60年代至70年代，从事TGC微波通讯产品的设计工作；1979年至今，从事电视发射机系列产品的设计和主持设计工作，分米波段UHF 10千瓦分放式速调管电视发射机。1989年获北京市科技进步奖一等奖，1990年获国家科技进步奖二等奖。1993年又开发出技术难度更大的分米波段UHF 5千瓦合放式速调管电视发射机，并于1995年获电子部科技进步奖三等奖，他是上述产品的主持设计人之一。近几年来在晶体管大功率宽频带功放模块、功率分配和功率合成网络及全固态电视发射机系列产品的开发研制上，也相继取得可喜的成果。

张文清

张文清，男，1986年厦门大学物理系毕业，1992年中科院上海光机所博士，1993年至1995年就读于中科院北京物理所博士后，1995年至1997年任北京科技大学应用物理所副教授，1997年成为德国马普协会Fritz-Haber研究所访问学者，1997年至1999年成为美国哈佛大学应用科学与工程系访问学者，2000年先后成为美国普林斯顿大学材料研究所任全职研究员、加州大学圣巴巴拉分校材料系全职研究员、德国马普协会金属研究所访问教授。2003年12月起在中科院上海硅酸盐所工作，任研究员。2004年获中科院百人计划择优支持。

赵建辉

赵建辉，男，1982年厦门大学物理系毕业，瀚天天成电子科技（厦门）有限公司董事长，美国罗格斯大学工学院终身教授，是美国及全球第一位因对碳化硅半导体的研究及产业化做出重大贡献而获选为IEEE Fellow（IEEE院士）的研究者，2010—2011 IEEE Distinguished Lecturer（IEEE杰出讲学者），IEEE TED《碳化硅半导体外延晶片及大功率电子器件》特刊主编；指导毕业40多位博士、博士后及博士后访问研究员；发表230多篇期刊论文及170多次大会主题、应邀及会议演讲，出版两本专业图书（其中一本获选为亚马孙书城专业领域内的十大畅销书)；在中、美创办了3家碳化硅半导体全球知名企业，目前分别主营设计、制造、材料生长；获选"厦门市海外高层次人才"、福建省"双百人才"，2016年获"中国侨界贡献奖"。

朱文章

朱文章，男，福建莆田人。1986年7月毕业于厦门大学半导体专业硕士研究生，分配到集美航海专科学校任教。1992年获厦门大学半导体物理与器件专业博士学位。1993年破格晋升副教授，1995年任集美航海学院基础教学部主任。1997年破格评定教授。1999年任集美大学科研处处长，《集美大学学报(自然科学版)》副主编，兼任中国系统仿真学会理事、全国高校科研管理研究会理事、福建省物理学会副理事长、福建省物理学会学术委员会副主任、福建省科协委员、厦门市科协常委等职。2004年调任集美大学机械工程学院院长。2005年3月，调任厦门理工学院副院长。2017年10月，任厦门理工学院党委副书记、院长。

庄婉如

庄婉如，女，1936年6月出生于福建省厦门市，1958年毕业于厦门大学物理系半导体物理专业。现任中国科学院半导体所研究员。1958年9月起在中国科学院物理所从事半导体研究，1960年9月至今在中国科学院半导体研究所工作。历任半导体所光电子研究室主任、集成光电子学国家重点联合实验室半导体所区副主任，兼任中国通信学会光通信委员会、中国光学学会激光委员会、中国电子学会信息光电子学组等组织的委员、《中国激光》杂志编委、北京市科委激光组顾问。中国通信学会会士。长期从事物理学研究，1965年成功研制室温半导体激光器，获1978年国家科学大会奖；"双异质结激光器"获1980年中国科学院重大成果二等奖；"光纤通信用激光器"获1985年国家科技进步奖二等奖；"测距用激光器"获中国科学院1987年科技进步奖三等奖。著有《半导体激光器》一书，在国内外发表论文80多篇。

庄启程

庄启程，1940年12月出生，菲律宾华侨，祖籍福建晋江。1956年以优异的成绩考入厦门大学物理系，是香港太平绅士和菲律宾苏丹王，身兼全国政协委员和特区首届推委委员。现任中国香港维德集团董事局主席、中国香港保良局庚午年主席、江苏省侨商企业协会荣誉会长。

附录五　照片集锦

五校联合半导体专门化厦门大学毕业生与黄昆教授(二排左五)合影(1957 年 8 月)

厦门大学物理系半导体教研室教师留影于老物理馆前(1959 年 9 月)

厦门大学物理系八二届毕业留念(1982 年 7 月)

厦门市物理学会首届学术会议合影(1984 年 12 月)

厦门大学物理系 86 届毕业生与老师留念(1986 年 6 月)

庆祝建校 69 周年暨 1990 年萨本栋物理学奖学金颁奖仪式(1990 年 4 月)

20 世纪 90 年代学生文化娱乐活动

20 世纪 90 年代学生文化体育活动

电镜图像处理讲习班全体代表留影(1993 年)

全国第二届原子、分子、固体计算物理及首届沿海地区计算物理会议合影(1993 年)

计算机通讯神经网络纠错与保护技术鉴定会合影(1993 年 9 月)

第七届华东地区物理学联合年会合影(1993 年 10 月)

微波电磁兼容及超高频移动电信技术第二届全国学术会议合影(1994 年)

第 19 届国际统计物理大会筹委会主席郝柏林(前排右四)与参会人员合影(上方为会徽)

福建省高校第六届物理教学研讨会代表合影(1998 年 10 月)

厦门大学物理系无线电物理专业 76 届同学 2000 年返校留念合影(2000 年 6 月)

福建省高校新世纪物理教学研讨会全体代表合影(2000 年 11 月)

全国第二届光电子物理及应用前沿问题研讨会合影(2001 年 5 月)

厦门大学理论物理与天体物理研究所揭幕仪式(2006 年)

上海校友会捐赠谢希德铜像揭幕仪式(2011 年)

诺贝尔奖获得者讲座(2011 年 4 月)

我国天文人才战略论坛暨厦门大学天文学系复办仪式合影(2012年)

厦门大学物理系1978级同学回母校团聚(2012年)

第十八届"芙兰"物理节之海峡两岸大学生科技文化交流活动合影留念(2017 年)

中国科学院上海天文台-厦门大学天体物理联合中心签约仪式(2019 年)

厦门大学物理学系芙蓉隧道“格物致理”科创空间内景

厦门大学物理科学与技术学院第四届(2019 年暑期)全国优秀中学生科普拓展开营合影(2019 年)

2019“软物质与非平衡物理”研究生国际暑期学校合影(2019 年)

2019 软物质国际论坛合影(2019 年)

老物理馆外景(现厦门大学外文学院)

厦门大学海韵园区物理新大楼

后 记

本书是为了纪念厦门大学建校100周年，在收集和查阅了大量资料，参考了许乔蓁收集整理的《厦门大学物理学系简史》(1998年2月定稿)及《厦门大学校史·第一/二/三卷》(洪永宏编著)等材料后编写而成的，以此献给关心学院发展，为学院建设辛勤耕耘的师生员工、历届院(系)友和社会各界友人。

对于杰出院(系)友名单，编写小组特别说明：目前尚在院系工作及本院(系)已退休教职工未收录其中，校内其他院系工作的杰出院(系)友被纳入；名单除前4名外主要按照姓氏字母进行排序。为表亲切，本书人物姓名之后不加头衔。

学院党政班子对院(系)史编纂工作高度重视，多次召开工作小组会议讨论工作进展，包括退休老同志在内的学院全体教职工都非常关心院(系)史编纂工作。在本书编写过程中，物理学系原主任吴伯僖等一批老同志提出了诸多宝贵意见，在此表示衷心感谢。

在编写过程中，编写小组在学校档案馆、图书馆查阅了大量资料，走访了部分老领导、老同志，本着突出学术成就和团队精神的原则，力求客观真实地反映物理科学与技术学院历史沿革。由于部分历史资料缺失，加上编写人员水平有限，难免挂一漏万。另外，长期以来学院与一些杰出院(系)友联系不够紧密，对其突出成就了解不足，仅能罗列部分杰出院(系)友的事迹，万望广大读者、院(系)友和师生谅解，也敬请大家提出宝贵意见，以便后续再版时进一步完善。

《厦门大学物理科学与技术学院院史》编纂组

2021年3月